Richard Bandler und Will MacDonald
Der feine Unterschied
NLP-Übungsbuch zu den Submodalitäten

Ausführliche Informationen zu weiteren Titeln von Richard Bandler
sowie zu jedem unserer lieferbaren und geplanten Bücher
finden Sie im Internet unter **www.junfermann.de**
– mit ausführlichem Infotainment-Angebot
zum JUNFERMANN-Programm

Reihe
Pragmatismus & Tradition
Band 4
Herausgegeben von
Thies Stahl

Richard Bandler und Will MacDonald

Der feine Unterschied
NLP-Übungsbuch zu den Submodalitäten

Aus dem Amerikanischen
von Isolde Kirchner

Junfermann Verlag · Paderborn
2000

© Junfermannsche Verlagsbuchhandlung, Paderborn 1990
Copyright © 1988 by Meta Publications
2. Auflage 1991
3. Auflage 1993
4. Auflage 2000
Originaltitel: „An Insiders's Guide To Sub-Modalities"
Übersetzung aus dem Amerikanischen: Isolde Kirchner
Cover-Illustration: Michael Ryba

Alle Rechte vorbehalten.
Nachdruck oder Vervielfältigung des Buches oder von Teilen daraus nur mit ausdrücklicher Genehmigung des Verlages.
Satz: adrupa Paderborn
Druck: PDC-Paderborner Druck Centrum

CIP-Titelaufnahme der Deutschen Bibliothek
Bandler, Richard:
Der feine Unterschied: NLP-Übungsbuch zu den Submodalitäten/R. Bandler; W. MacDonald. Aus d. Amerikan. von Isolde Kirchner. - Paderborn: Junfermann, 1990
(Reihe Pragmatismus & [und] Tradition; Bd. 4)
Einheitssacht.: An insider's guide to sub-modalities <dt.>
ISBN 3-87387-012-6
NE: MacDonald, Will:; GT

ISBN 3-87387-012-6

Inhalt

Bemerkung des Autors 9
Vorwort von Thies Stahl zur deutschen Ausgabe ... 11

1 Bedeutungsnuancen 21
Übungen:
Exploration visueller und auditiver
Submodalitäten 23
Vom Verwirrtsein zum Verstehen 34
Den Prozeß einer anderen Person verwenden ... 43
Herausarbeitung einer Motivationsstrategie 52
Die Dinge besser machen als sie hätten sein sollen 54
Change History mit Submodalitäten 56

Tabelle 1 – Submodalitätsbeschreibungen in
Sprachmustern 61
Tabelle 2 – Submodalitätsunterscheidungen 64

2 Der Bewegung inhärent 69
Übungen:
Verkettung von Ankern (anchor chaining),
durch Submodalitäten verbessert 73
Das Swish-Muster 81
Verwendung von Submodalitäten,
um den gegenwärtigen Zustand zu verändern .. 83
Veränderung eines Glaubenssatzes 89
Direkte Verkettung mit Submodalitäten 93
Direkte Verkettung mit Submodalitäten (Variation) 96
Maßgeschneiderte Form des Swish-Musters 97
Eliminierung von Zurückhaltung, wahlweise ... 101
Fügen Sie Ihren Reaktionen etwas
„Knistern" hinzu 102

3 Kinästhetische Submodalitäten – ein erster Einstieg ... 105

Übungen:
Erkundung kinästhetischer Submodalitäten 105
Gestalt-Körper-Bewußtheit 106
Erforderliche Vielfalt 107
Entwicklung idiosynkratischer Anker 112
Die Droge der Wahl 114
Submodalitäten von Trance-Zuständen 119
Rhythmus-Kalibrierung 123

Anhang 127

Submodalitäten sind die feinen, subtilen Unterscheidungen, die wir in jedem Repräsentationssystem treffen: die Unterscheidung, die den Unterschied ausmacht.

Bemerkung des Autors

Das Material dieses Buches basiert zur Gänze auf der Arbeit von Richard Bandler. Richard und seine Arbeit erinnern mich an eine Passage aus dem *Tao te Ching*: „The sage does not hoard. Having bestowed all he has on others, he has yet more."* (Übers. von C.D. Lau, Penguin, 1969.) Bei der Vorbereitung des Textes habe ich eingehend Gebrauch von Workshop-Transkripten gemacht, in denen Richard die Konzepte und Übungen für die Verwendung von Submodalitäten lehrte.

Will MacDonald
Seattle

---

* „Der Weise legt sich keine Vorräte an. Wenn er alles, was er hat, an andere verschenkt hat, hat er noch immer mehr."

Vorwort zur deutschen Ausgabe

„Reframing, was ist das denn?" sagte Richard Bandler, als ich ihm von dem Vorwort erzählte, das ich für die deutsche Ausgabe seines Buches mit dem gleichlautenden Titel geschrieben hatte. „Six-Step-Reframing? Nie gehört. Kenn' ich nicht!" Diese sehr kongruent vorgetragene Auskunft machte mich natürlich erst einmal sprachlos, hatte er doch nicht nur selbst – zusammen mit John Grinder – dieses Buch geschrieben, sondern auch dieses zu den effektivsten des NLP gehörende Interventionsmuster gefunden und formalisiert – zusammen mit Leslie Cameron-Bandler und John Grinder.

Schnell wurde mir deutlich, daß Richard den mittleren Schock genoß, den sein Gegenüber an dieser Stelle in einem solchen Gespräch mit ihm wohl zu haben pflegt. Klar wurde mir aber auch, daß seine Fähigkeit, in dieser Weise selbsthypnotisch induzierte Amnesie zu nutzen, ein wesentliches Merkmal seines Genius und seines kreativen Schaffensdranges sein muß: Zeitweilig vergessen zu können, was man entdeckt und auch gemeistert hat, belebt immer wieder neu den Forscherdrang und die Entdeckerlust. Die kontinuierliche Bewußtheit um die bereits gefundenen erfolgreichen Wege und die damit potentiell verbundene Sicherheit würde diese wichtigsten Triebfedern seiner Arbeit wohl ruinieren.

Im weiteren Verlauf des Gespräches rettete er dann mein Welt- und Therapiebild wieder, indem er einräumte, daß ihm der Begriff und das theoretische Konzept des Reframings natürlich nicht unbekannt seien: Im Falle seiner neueren Submodalitäts-Interventionsmuster (wie sie im hier vorliegenden Buch und auch in „Veränderung des subjektiven Erlebens" dargestellt sind) gehe er davon aus, daß das

11

Unbewußte, beim „Swish" z.B. vermittelt über das Zielbild des „Selbst, das dieses Problem überwunden hat", sich von alleine und aus sich heraus der sekundären Gewinne des „wegge-swish-ten" Problemverhaltens annimmt. Seiner Meinung nach hätten diese Interventionsmuster den Vorteil, daß sie etwas vermieden, was er an den verschiedenen Formen des Reframing kritisiere, nämlich, es liefen schon genug dissoziierte Leute in der Welt herum, da müsse man nicht unbedingt mit Hilfe von Reframings noch neue hinzufügen! Dieser Gedanke impliziere aber, meinte ich dann, daß die Erzeugung von Dissoziationen das zwangsläufige Resultat der Methodik des Reframings sei. Dieser Meinung war er – und ich schwieg nachdenklich, während wir in einer Seminarpause durch London gingen und versuchten, einen Pub zu finden. Die Suche nach einer befriedigenden Auflösung dieser interessanten theoretischen Fragestellung mußte, sehr zu meinem Bedauern, vertagt werden, genau wie die nach einem Drink – es war Sonntagmorgen in London.

Über diese Argumentation, die im Grunde den Umgang mit klinischen Problemstellungen enorm erleichtern würde, habe ich dann noch lange nachgedacht – haben mir doch die NLP-Reframing-Interventionsmuster in ihrem enormen behandlungspraktischen Variantenreichtum und ihrer theoretisch-geschichtlichen Einordnung immer als d a s Beispiel gedient, an dem das zentrale Anliegen des NLP deutlich wird, nämlich ein explizit ökologischer und damit ein wahrhaft humanistischer Ansatz zu sein, welcher Achtung vor dem Menschen, vor den komplexen Phänomenen seines Erlebens, Verhaltens und seiner sozialen Bezüge mit wirkungsvoller Direktivität verbindet. (Natürlich habe ich dabei auch darüber nachgedacht, wovon und wenn ja, in welcher Weise, ich dann wohl die ganzen Jahre dissoziiert gewesen sein mußte, in denen ich von allen NLP-Interventionen am liebsten Reframings gemacht habe!)

Als vorläufiges Ergebnis dieses Denkprozesses meine ich heute, daß nicht die Frage wichtig ist, ob Dissoziationen kreiert werden oder nicht, sondern, wie mit den vorhandenen Dissoziationen umgegangen wird. Das zu verändernde Symptom selbst, bzw. das Symptomverhalten, mit dem der Klient in die Therapiesitzung kommt, i s t eine Dissoziation (es passiert einfach, ohne daß ich vom Bewußtsein her etwas dagegen tun könnte!). Man kann einer möglichen bzw. ungünstigen Intensivierung der Dissoziation mit einigen zusätzlichen und begleitenden Interventionen nicht nur vorbeugen, sondern diese Ausgangs-Dissoziation kann durch das Reframing im Erickson'schen Sinne utilisiert und in eine therapeutisch günstigere transformiert werden. Und das nicht nur im therapeutisch-kurativen, sondern auch im pädagogisch-prophylaktischen, generativen Sinne, denn der Klient lernt im Reframing nicht nur einen Weg, die Bemühungen seines Bewußtseins und seines Unbewußten für die Transformation des vorliegenden Problems zu synchronisieren, sondern er erlernt auch die Grundstruktur dieses Vorgehens (als Lernen höherer Ordnung), die er dann selbständig auf die in seiner Zukunft noch zu erwartenden Probleme und Symptome anwenden kann (vergl. hierzu mein Buch „Triffst du 'nen Frosch unterwegs...", ebenfalls JunfermannVerlag).

Dissoziationen sind nicht an sich und aus sich heraus etwas Schreckliches, das man fürchten müßte, sondern sie gehören zum Menschsein dazu. Es gibt keine schlechten Dissoziationen, sondern, wie es uns das NLP in bezug auf alle anderen Fähigkeiten auch lehrt, nur schlecht kontextualisierte. Das Reframing hilft gerade, Dissoziationen zu kontextualisieren: Aus „Vom Bewußtsein her habe ich keinen Einfluß auf dieses unbewußte Symptomverhalten" wird „Ich erfreue mich daran und liebe es geradezu, mich im Bewußtsein von meinen Träumen und den anderen, Richtung weisenden und Sinn stiftenden Einfällen meines Unbewußten überraschen zu lassen". Diese Fähigkeit, sich überraschen lassen, oder auch Geschenke annehmen zu können, ist ein Beispiel für durchaus sehr positive und sogar notwendige Dissoziationen. Sie ist der Fähigkeit zur Hingabe oder auch der zur Demut – im positivsten, Bateson'schen Sinne des Wortes – sehr verwandt. D i s s o z i a t i o n e n erleben und rekontextualisieren zu können, bzw. auch, sie entgegen dem Machbarkeits- und Kontrollierbarkeitsanspruch des Bewußtseins a u s h a l t e n zu können, diese Fähigkeit lernt der Klient in den Varianten des Reframings in einem zusätzlichen, impliziten Lernprozeß – gleichsam als Nebenprodukt.

Man könnte denken, daß es mir hier darum ginge, das Vorgehen des Reframings auf Kosten der Bandler'schen Submodalitätsinterventionsmuster aufzuwerten. Im Gegenteil, die Würdigung dieser früheren Leistung Richards, auch wenn sie im Gegensatz zu seinen eigenen Erklärungsvorlieben steht, ist meiner Meinung nach notwendig, denn Richards Abwertung der Methode des Reframings verstellt den Blick völlig für einen Aspekt seiner Meisterschaft, seiner Kunstfertigkeit und seiner Genialität, der für ein tieferes Verständnis der enormen Wirksamkeit seiner Submodalitätsinterventionen entscheidend ist: Es ist richtig, das Unbewußte sorgt für die Berücksichtigung, für die dialektische Aufhebung der sekundären Gewinne, aber es tut es nur dann, wenn bestimmte Prozeßmerkmale im Ablauf der Intervention, z.B. eines Swishs, vorhanden sind. Dabei handelt es sich um die gleichen Prozeßmerkmale, wie sie ein „offizielles" Reframing-Interventionsmuster zeigen muß, um erfolgreich zu sein: Das zu verändernde Problemverhalten, als Teil der eigenen Person, muß als Vorbedingung seiner Veränderung zunächst akzeptiert und gewürdigt werden. Diese Würdigung, wenn sie stattfindet, ist für den Therapeuten oder für den Berater sichtbar am Auftreten der Versöhnungs-Physiologie des Klienten (zum Begriff und zur Geschichte des Konzeptes der Versöhnungs-Physiologie siehe „Triffst du 'nen Frosch unterwegs...", sowie „Neue Wege der Kurzzeit-Therapie" und mein Vorwort zu „Reframing").

Im Zusammenhang mit meiner Einführung des Begriffes „Versöhnungs-Physiologie" konnte ich zeigen, daß John und Richard mehr vom Wesen und Geist Virginia Satirs modelliert haben, als ihnen bewußt war – gemessen an den entsprechenden Instruktionen und Erklärungen zum Vorgehen des Reframings, die sie in ihren Büchern und Seminaren anbieten. Dieses nicht bewußte Übernehmen von für den Erfolg dieser Interventionsmuster essentiellen Merkmalen (die zumindest nicht explizit als Teil des extrahierten Reframing-Modelles benannt sind) scheint in den neueren Vorgehensweisen Richards ein nicht bewußtes Beibehalten geworden zu sein. Er benennt nämlich in seinen Anweisungen und Instruktionen, z.b. zum Swish, etwas absolut Wichtiges nicht, was er jedoch in seinem Verhalten in genialer Weise zeigt und in seinen Demonstrationen geradezu virtuos einsetzt: Er ist ein Meister des powervollen Reframings, vor allem des Reframings in seinen kurzen, häufig impliziten Formen – ein Lachen an der richtigen Stelle, ein kleines wohlgesetzes Fragezeichen im Tonfall beim Stellen einer eher belanglosen Frage, kunstvoll plazierte Inkongruenzen in der Kommunikation und meisterhaft gesetzte Doppeldeutigkeiten. Diese meist vom Nonverbalen lebenden Reframings werden „personal power reframings" genannt, oder auch – zumindest halb – eingedeutscht „Reframings durch persönliche Kongruenz" (Beispiele siehe in „Triffst du 'nen Frosch unterwegs..."). Sie sind ein essentieller Bestandteil aller Bandler'schen Arbeiten, die ich gesehen habe. Diese Komponente seines Interaktionsverhaltens ist für den, der nicht auf sie (als Bestandteile des „impliziten Modells") zu achten gelernt hat, leicht zu übersehen. Wer achtet schon auf Dinge wie ein kurzes, verschmitztes Augenzwinkern oder auch ein scheinbar zufälliges Räuspern, wenn es doch um die Logik, Mechanik und die Sequenz der für diesen speziellen Klienten notwendigen Submodalitätsveränderungen geht? Richards Bewußtsein hat die Schritte, und wichtiger noch, die wahrnehmungsmäßigen Unterscheidungen, eines effektiven Reframingablaufes „vergessen". Aber verhaltensmäßig, implizit sozusagen, ist dieser Teil seiner Lerngeschichte in seinen therapeutischen Interventionen und in der powervollen Interaktion mit seinen Klienten in Form der oben benannten Prozeßmerkmale enthalten. Es sind nunmehr unbewußt gewordene, verhaltensmäßige Elemente und Komponenten seiner beeindruckenden, souveränen Kompetenz. Damit ist er als Meister des Modelings selbst in die Position der ersten Modelle des NLP gekommen: genau wie Satir, Erickson und Perls ist er zu gut in dem, was er tut, zu kompetent, als daß er explizit-bewußt über alle Komponenten seiner Performanz Aufklärung geben könnte. Seine NLP-Lerngeschichte ist präsent in seinem Tun, jedoch als unbewußter Teil seiner Kompetenz. Das NLP aber war ursprünglich ausgezogen, das wegen seiner unbewußten Komponenten von den magisch-effektiven Meistern selbst schwierig zu vermittelnde Tun lern- und lehrbarer zu machen: Mit Hilfe von eleganten Modellen des Verhaltens der Vorbilder sollte sichergestellt werden, daß potentiell alle Schüler dieser Magie-Meister eine Chance haben, die essentiellen Merkmale ihrer Effektivität ebenfalls zu erlernen.

Wenn Richard über Therapeuten und Fachkollegen witzelt, die die verschiedenen Techniken des NLP erlernen und anwenden („Tausende von Leuten auf der ganzen Welt sind festgefahren in Episoden meiner persönlichen Geschichte!" – wie z.B. Reframing, Phobietechnik, etc.), bringt er seine Schüler unwissentlich in die gleiche Situation, aus der er in früheren Zeiten zusammen mit John Grinder diejenigen von

Satir und Erickson befreien wollte und zum großen Teil sicher auch erfolgreich befreit hat. Denn nach dem „Warum" dieser oder jener Intervention befragt, sagten diese oft, es wäre eine Intuition ("You have it in your guts!" – Virginia Satir). Nur, so mit Recht damals die Frage von John und Richard, was ist, wenn man nicht über die „guts" (Eingeweide), über die Lern- und Lebensgeschichte von Virginia Satir verfügt? Und jetzt: Was, wenn man nicht über die NLP-Lerngeschichte eines Richard Bandler verfügt?

Die ist Gott sei Dank recht gut dokumentiert, sowohl in der umfangreichen NLP-Literatur und NLP-Video- und Audiobibliothek, als auch im „fossilen Tun" etlicher NLP-Ausbilder wie ich, die neben den neueren Submodalitätsmustern auch die verschiedenen Reframingmodelle und die zahlreichen anderen NLP-Interventionsmuster vermitteln – als in sich sehr effektive Vorgehensweisen u n d als wichtige Grundlage für die Submodalitätsmuster. Im gleichen Sinne ist die Beherrschung der Standard-Phobietechnik (vergl. „Neue Wege der Kurzzeit-Therapie") die Grundlage für einen effektiven Einsatz von Richards neuerer, „die Standard-Phobietechnik ablösender" und fünf Minuten in Anspruch nehmender Version der Phobietechnik. Wenn Richard diese neuere Version gerne und provozierend-schalkhaft als „v e r y brief therapy" bezeichnet, dann denkt er sicher nicht mehr an die für eine kongruente und damit effektive Anwendung dieser Kurz-Phobie-Technik notwendige Erfahrung, die er sich in hunderten von Sitzungen mit der Standard-Phobietechnik erworben hat.

Eher zeigt er damit in geradezu typischer Form die dem Pragmatismus des NLP amerikanischer Prägung nahe Haltung eines „Weitergehens um jeden Preis" (besser, schneller, schöner, höher). Diese „Schattenseite" des Pragmatismus, der auf uns eher traditionsorientierte Europäer oft so anregend und befreiend wirkt, sollte auf keinen Fall dazu führen, daß NLP wieder zu dem wird, was es einst auf jeden

Fall ändern wollte: Ein kundiger Meister führt seine Magie vor, alle bestaunen deren Effektivität, versuchen sie auch zu erreichen – und fallen, zumeist, damit auf die Nase des Anfängers.

NLP-Neulinge, die versuchen, nach den beiden zuletzt erschienenen Büchern Richards zu arbeiten, werden sicher neben überraschenden Einsichten in ihr subjektives Erleben und einigen ebenso überraschenden therapeutischen Erfolgen oft auch arge Enttäuschungen erleben. Sie sollten wissen, daß Richard eben „weiß", wann er z.B. lacht, und auch wie lange er es tut – wann also ein Witz oder eine humorvolle „Exkursion" fertig ist und wann noch nicht. Er weiß, ob er den Wahrnehmungsrahmen, die Idee, daß „angenommen Dein Symptomverhalten ist ein Job, und ich wollte Dich für einen Tag vertreten, könnte das aber nur, wenn ich genau wie Du in der Lage wäre, dieses Symptomverhalten hervorzubringen" noch einmal „säen" muß, oder ob sie „angekommen" und auch angenommen ist. Nämlich genau dann, wenn der Klient mit einer Versöhnungsphysiologie reagiert – im beginnendem oder im vollen Bewußtsein der Tatsache, daß wie auch immer er vorher über dieses Symptomverhalten nachgedacht hat, es a u f j e d e n F a l l eine Fähigkeit ist. Häufig kann man bei den Klienten im Moment der Wirkungsentfaltung dieses powervollen frame-nden Implikats – tatsächlich und in seiner wörtlichen Bedeutung – sehen, wie sich vor Stolz über diese gerade als solche erstmals neuentdeckte und gewürdigte Fähigkeit die Brust schwellt. Er benennt es nicht als einen Extraschritt des jeweiligen Interventionsmusters, aber in den Interaktionen mit seinen Klienten ist deutlich zu beobachten, daß das Auftreten der Versöhnungs-Physiologie immer nach einer solchen „reframe-nden" Intervention und v o r der dann zumeist entscheidenden, das Finale der Veränderungsarbeit einleitenden Instruktion zur Veränderung einer oder mehrerer Submodalitäten liegt (vergl. „Magic in Action", [deutscher Titel: „Bitte verändern Sie sich...jetzt!"], ein Mitte 1990 im Junfermann Verlag erscheinendes Buch Richards mit Transkripten von drei eindrücklichen klinischen Sitzungen mit ihm als Therapeut, die, inklusive der jeweiligen Follow-Up's nach acht Monaten, auch auf Video erhältlich sind). Ein so präzises Timing und eine so wirksame Verdichtung intuitionsgeleiteter reframender Interventionen erreicht man nur nach tausenden expliziter, „offizieller" Reframingerfahrungen und dem damit verbundenen Training der Wahrnehmung für die oben benannten Prozeßmerkmale.

In diesem Sinne sei den Neulingen im Wunderland des NLP empfohlen, sich während der Lektüre von Richards Submodalitätsinterventionen in diesem Buch und in „Veränderung des subjektiven Erlebens" immer zu vergegenwärtigen, welchen langen Weg er hinter sich hat und was er auf diesem Weg alles gemeistert hat. Wie absolut wichtig z.B. auch seine langen Erfahrungen und sein Wissen als exquisiter Hypnotiseur für die Präzision und das Timing seiner Instruktionen sind, kann an dieser Stelle nur angedeutet werden.

Wer die Leichtigkeit und die Eleganz der Kunst Richards ernsthaft erlernen will, ist gut beraten, sich auf einen mühevollen Weg einzustellen. Der scheinbar unnötige Weg der Aneignung auch der älteren Interventionsmuster des NLP ist notwendig und läßt sich nicht umgehen. Jemand, der zum Beispiel in der ersten Begeisterung auf dem Wege zum Musiker vielleicht versucht hat, nur das lust- und klangvolle Stöhnen eines Keith Jarrett beim Klavierspielen zu erlernen, hatte vielleicht geglaubt, daß es essentiell für die Meisterschaft und den Erfolg der Konzerte seines Vorbildes sei. Es hat dann sicher nicht lange gedauert, bis ihm klar wurde, daß das Studium von Harmonien und ein langwieriges bis schmerzhaftes Einüben unzähliger Läufe unerläßlich für die angestrebte Spielweise völliger Einfachheit, Leichtigkeit und Sinnlichkeit ist. Glücklich dran ist der Held dieser kleinen Metapher natürlich dann, wenn er daraus nicht schlußfolgert „So etwas wie Klavierspielen gibt es nicht! Ich selbst habe es mehrfach probiert!", sondern wenn er sich weiterhin intensiv mit seinem Vorbild und, vor allem, mit dessen Lerngeschichte beschäftigt, um sich eine möglichst breite Basis von Fertigkeiten und Techniken zu schaffen, auf der sich schließlich ein eigener, nicht weniger virtuoser Stil entwickeln kann.

Hamburg, Oktober 1989 *Thies Stahl*

1 Bedeutungsnuancen

Innerhalb des großen Rahmens der Struktur des subjektiven menschlichen Erlebens werden wir mit etwas experimentieren, das als Submodalitäten bezeichnet wird. Die Repräsentationssysteme sind die Sinnesmodalitäten: visuell, auditiv, kinästhetisch, olfaktorisch und gustatorisch. Indem wir unsere fünf Sinne benutzen, nehmen wir Information aus der äußeren Welt auf; und unter Verwendung derselben fünf Sinne wird die Information intern verarbeitet. Wir sehen innerlich Bilder, hören Geräusche und Klänge und haben Gefühle.

Als das Neurolinguistische Programmieren (NLP) damit anfing, subjektives Erleben zu untersuchen, wurde entdeckt, daß die Bedeutungsstruktur in der spezifischen Sequenz von Repräsentationssystemen zu finden ist, die eine Person benutzt, um Informationen zu verarbeiten. Diese Sequenzen von Repräsentationssystemen wurden Strategien genannt. (Eine ausführliche Darstellung und Erörterung von Repräsentationssystemen und Strategien finden Sie in „Strukturen subjektiver Erfahrung" (NLP Volume 1).) Später wurde entdeckt, daß die Intensität von Bedeutungen in direktem Zusammenhang mit den Submodalitäten oder den Bestandteilen eines bestimmten Repräsentationssystems stand. Wenn Sie sich z.B. an ein angenehmes Erlebnis erinnern, ist der Grad des Vergnügens, das Sie bei dieser Erinnerung haben, eine direkte Folge der Farbe, Größe, Helligkeit und Entfernung der visuellen Vorstellung, die Sie vor Ihrem geistigen Auge haben.

Die Menschen verwenden Prädikate (Verben, Adverben und Adjektive), die typisch für die Repräsentationssysteme sind, derer sie sich bedienen. Sie sagen Dinge wie: „Sie schaltet einfach ab und hört mir nicht mehr zu" oder: „Ich sehe keine Alternative" oder: „Ich versuche gerade, das

Problem in den Griff zu bekommen". Wenn Sie auf die Sprache achten, die die Leute verwenden, werden Sie in der Tat merken, daß sie noch viel präziser als in diesen Beschreibungen sind. Sie müssen anfangen, die Sprache zu hören, die sie zur Beschreibung ihrer Erlebnisse verwenden, und sie wörtlich zu nehmen. Die Menschen werden von der Notwendigkeit sprechen, „die Dinge in der richtigen Perspektive zu sehen", oder von dem Wunsch, von einem Problem „etwas Abstand" zu bekommen. (Eine Liste von Prädikaten, die Submodalitätsunterscheidungen beschreiben, findet sich in Tabelle 1.) Diese Submodalitätsbeschreibungen werden Ihnen mehr darüber mitteilen, wodurch eine Person beeinflußt wird, als die grobe Unterscheidung, ob sich jemand Bilder vorstellt oder Gefühle hat.

Der erste Schritt bei der Entdeckung, wie Submodalitäten funktionieren, ist die Erfahrung, daß sie tatsächlich existieren. Am besten geht das in kleinen Schritten, langsam und systematisch. Üben Sie es zuerst mit jemand anderem; dann können Sie lernen, es mit sich selbst zu machen; und es ist wichtig, es mit sich selbst tun zu können. Das Üben mit einer anderen Person stellt eine Art von Dissoziation dar, die das Lernen leichter macht.

NLP ist keine Kollektion von Techniken; es ist eine Methodologie. Reframing ist z.B. nicht NLP; Reframing ist ein Nebenprodukt von NLP. NLP schafft Modelle, und Reframing ist nur eines der Modelle. Die Methodik von NLP erfordert, daß Sie langsam vorgehen und Vergleiche anstellen. Konzentrieren Sie sich auf die Methodik in den Übungen. Spezielle Techniken werden später kommen; zuerst jedoch die Methodik, die den Prozeß der Entdeckung darstellt, aus dem spezielle Techniken entwickelt wurden.

Der erste Schritt der NLP-Methodik besteht darin, herauszufinden, ob die Person, mit der Sie arbeiten, das gemacht hat, um was Sie sie baten. Wie oft sind Menschen, die Sie gebeten haben, nach innen zu gehen, nach innen gegangen und haben etwas Falsches gemacht, weil sie entweder voreilig Schlüsse zogen, oder weil Ihre Instruktionen nicht exakt waren. Wenn Sie Ihr eigenes Gehirn dirigieren, oder wenn Sie das eines anderen verändern, müssen Sie sich von so vielen methaphorischen Beschreibungen wie möglich befreien. Gehirne nehmen die Dinge wörtlich. Auf dieser Ebene zu arbeiten bedeutet, daß Sie sich auf die Stufe der grundlegendsten Komponenten der Hirnprozesse begeben. Soweit wir zu diesem Zeitpunkt wissen, sind diese grundlegenden Komponenten die Submodalitäten. Sie werden bei dieser Übung merken, daß nur ein sehr kleiner Wechsel – etwa eine geringe Zunahme einer Submodalität – in der Struktur der Subjektivität nötig ist, um die Grundlage für eine Veränderung zu schaffen. Dies anfangs langsam und systematisch zu machen, ist auch der Prozeß, mit dessen Hilfe Sie die Submodalitäten ordnen können und zu verstehen beginnen werden, wie Sie in Ihrem eigenem Gehirn Übergänge machen können.

Übung: Exploration visueller und auditiver Submodalitäten

In Zweiergruppen. Eine(r) von Ihnen ist Person A und der oder die andere ist Person B.

Schritt 1. Person A identifiziert ein früheres, sehr erfreuliches Ereignis. Teilen Sie den Inhalt nicht mit; und da Sie inhaltlich nichts mitteilen, können Sie ein wirklich pikantes Erlebnis wählen.

Schritt 2. Während Person A sich an das Ereignis erinnert, instruiert Person B sie (indem sie die Liste von Submodalitäten aus Tabelle 2 benutzt), die Submodalitäten dieser Erinnerung jeweils einzeln zu verändern. Erinnern Sie sie daran, die Submodalitäten wieder in ihre ursprüngliche Konfiguration zu bringen, bevor Sie zur nächsten Veränderung übergehen.

Schritt 3. Person A verändert langsam die Submodalitäten der Erinnerung. Stellen Sie fest, welche Submodalitätsveränderungen die Erinnerungen am meisten beeinflussen und welche am wenigsten beeinflussen, indem Sie sie erfreulicher oder weniger erfreulich gestalten. Achten Sie, während Sie die Veränderungen durchgehen, darauf, ob eine Veränderung bei einer einzigen Submodalität spontane Veränderungen bei anderen zur Folge hat, sowohl innerhalb desselben Systems als auch in anderen Systemen. Diese Submodalitäten werden „kritische Submodalitäten" genannt und haben den größten Einfluß auf die Erinnerung.

Person B macht für Person A genaue Notizen.

Schritt 4. Tauschen Sie die Rollen und machen Sie mit Person B als Klient(in) weiter.

Schritt 5. Tauschen Sie abermals die Rollen; Person A wählt eine Erinnerung an ein unangenehmes Erlebnis. Nehmen Sie irgend etwas, das Sie als etwas unangenehm einstufen würden, irgend etwas, was ärgerlich oder frustrierend war. In dieser Übung sollten Sie nicht mit großen Traumata experimentieren.

Wiederholen Sie wie vorher die Abfolge von Submodalitätsveränderungen, und vergleichen Sie die zwei Erinnerungen. Werden beide Erinnerungen durch die gleichen Submodalitätsveränderungen intensiviert/in ihrer Intensität abgeschwächt, oder gibt es dabei einen Unterschied?

Schritt 6. Tauschen Sie die Rollen und machen Sie mit Person B als Klient(in) weiter.

Machen Sie eine Pause und wiederholen Sie dann die Übung, indem Sie auditive Submodalitäten benutzen. Bleiben Sie vorläufig bei diesen beiden Sinnesmodalitäten. Mit kinästhetischen Submodalitäten werden wir uns später befassen. Im Moment ist es zweckmäßig, die Kinästhetik als Überprüfungsmöglichkeit zu verwenden. Nach jeder Veränderung können Sie fragen: „Ist es angenehmer oder weniger angenehm?"

In den meisten Fällen nimmt bei den meisten Menschen, während ein Bild heller wird, die Intensität ihrer Reaktionen zu. Desgleichen nimmt bei den meisten Menschen in den meisten Situationen, während die Lautstärke interner Geräusche verstärkt wird (wenn sie lauter werden), die Intensität ihrer Gefühle zu. Natürlich gibt es kontextabhängige

Variationen. Wenn Sie sich an ein romantisches Dinner bei Kerzenlicht erinnern, wird eine Erhöhung der Helligkeit die Romantik nach und nach vermindern. Wenn Sie sich daran erinnern, im Keller eingesperrt zu sein, wo es dunkel und unheimlich war, wird eine Erhöhung der Helligkeit die Angst vermindern. Wichtig ist dabei, daß es für jede Erfahrung eine Unterscheidung gibt, die den Unterschied ausmacht – eine Submodalitätsveränderung, die eine andere Reaktion bewirkt.

Die meisten Menschen benutzen ihr Gehirn nicht bewußt; d.h., ihre Reaktionen sind automatisch. Haben Sie je bemerkt, daß Sie, wenn Sie irgendwann in ihrem Leben ein unangenehmes Erlebnis hatten, es nicht nur einmal, sondern immer wieder haben mußten, in Ihrem Kopf? Nehmen wir an, Sie hatten einen Streit; Sie gehen weg und bemerken, wie Sie immer noch argumentieren. Drei Stunden später befinden Sie sich, obwohl Sie ganz alleine sind, immer noch in derselben Auseinandersetzung. Sie gehen ins Kino und sehen einen Film, etwa „Der weiße Hai" oder „Psycho" oder „Der Exorzist". Nachdem Sie das Kino verlassen haben und heimgehen, sehen Sie den Horror des Ganzen genauso stark wie wenn Sie im Kino wären. Oder Sie erleben eine vergangene Erinnerung erneut, und es ist genauso, als ob Sie dort wären.

Ein anderes Beispiel für eine automatische Reaktion ist, wenn sich Menschen in ihrem Kopf selbst kritisieren und sich schlecht fühlen. Dies ist das „kritische Eltern-Ich" aus der Transaktionsanalyse. Wer kritisiert wen? Wer ist da drin? Die Reaktion zu verändern, Ihr Gehirn bewußt zu benutzen, ist nicht so schwer. Hören Sie die Stimme und achten Sie auf die Tonalität, die Tonlage, den Rhythmus. Achten Sie auch darauf, wie Sie sich fühlen, wenn Sie auf diese Art mit sich selbst reden. Erinnern Sie sich nun an jemanden, der Dinge zu Ihnen sagte, die Sie mochten, auf eine spezielle, sehr erfreuliche Art. Hören Sie diese Stimme in Ihrem Kopf. Wechseln Sie dann den Kontext und sagen Sie diese kritischen Dinge zu sich selbst, diejenigen, die dazu führten, daß Sie sich schlecht fühlten, in dieser angenehmen und erfreulichen Tonalität. Achten Sie darauf, wie anders Sie auf dieselben kritischen Worte reagieren können.

Mit der Idee, daß alles Verhalten das Resultat erlernter Reaktionen ist, sind eine Reihe von Implikationen verbunden. Die Reaktion auf einen bestimmten Reiz kann automatisch sein, aber als erlernte Reaktion können Sie etwas anderes erlernen: Sie können lernen, in einer zweckmäßigeren Weise zu reagieren. Eine Frau, mit der ich arbeitete, hörte eine Stimme, die sie drängte, sich umzubringen. Sie hatte dieser Stimme zwanzig Jahre lang zugehört; und obwohl sie nie deren Forderungen nachgegeben hatte, versetzte sie die Stimme in Schrecken, und sie hatte Angst, daß sie eines Tages der Aufforderung Folge leisten würde. Als ich sie bat, der Stimme zuzuhören, und zu entscheiden, wie sie wußte, daß die Stimme ernst zu nehmen war, sagte sie, daß es die Art und Weise war, wie die Stimme klang, die sie bedrängte. Seit zwanzig Jahren hatte sie ohne Erfolg versucht, die Stimme dazu zu bringen, aufzuhören, solche Dinge zu sagen. Dennoch konnte sie sehr schnell die Art verändern, in der diese die Sachen sagte. Sie konnte die Stimme schneller machen, mit einem damit einhergehendem Anstieg in der Tonhöhe, bis sie wie ein gestreiftes Eichhörnchen in einem der Cartoons klang. Sie konnte sie verlangsamen, bis sie unverständlich wurde. Sie konnte sie so verändern, daß sie wie Donald Duck klang. Das Ganze wurde lächerlich, und sie konnte darüber lachen. Danach beeinträchtigte die Stimme sie nicht mehr länger in derselben Weise, selbst wenn sie sie in ihrer Originaltonalität hörte. Sobald sie einmal entdeckt hatte, daß sie den Prozeß kontrollieren konnte, war ihre Reaktion nicht länger automatisch.

Als meine Tochter einst drei Jahre alt war, hörte ich einmal einen Schreckensschrei aus ihrem Schlafzimmer. Ich stürmte hinein, um zu schauen, was los war, und fand Jessica auf ihrem Bett sitzend; sie schrie, daß ein Monster in ihrem Raum sei. Als ich es nicht finden konnte, sagte sie, daß ich es erschreckt habe, als ich in den Raum gekommen sei, und daß es sich unter dem Bett versteckt habe. Wir ließen uns auf Hände und Knie nieder und schauten nach. Sie versicherte mir, daß dies ihr ganz eigenes Monster wäre. Ich sagte ihr, daß sie, da es ihr Monster wäre und sie es geschaffen habe, es in jede Größe bringen könnte, die sie wollte. Sie könnte es größer machen. Das war zu beängstigend. Sie könnte es auch kleiner machen. Das gefiel ihr und sie ließ es auf eine angenehme Teddybär-Größe zusammenschrumpfen. An diesem Abend gingen wir zum Essen aus, und es ging nicht anders, als daß Jessica ihr nun freundliches Monster mitnahm. Auf dem Heimweg kam Wehgeschrei vom Rücksitz, und Jessica erklärte unter Tränen, daß sie ihr Monster im Restaurant vergessen hatte. Ihr Bruder, ein pfiffiger Sechsjähriger, sagte: „Ist schon in Ordnung, Jess; ich habe es in meiner Tasche."

Wenn Verhalten das Resultat einer erlernten Reaktion ist, setzt eine Veränderung voraus, daß etwas anderes an seiner Stelle gelernt wird. Es reicht nicht, einfach nur irgend etwas Neues zu lernen. Das impliziert, daß das, was auch immer gelernt werden soll, denselben Mechanismen folgen muß wie das alte Verhaltensmuster, wenn es eine Veränderung bewirken können soll. Nehmen Sie als Beispiel dafür eine periodisch wiederkehrende Erinnerung, eine, an die Sie oft denken und bei der Sie sich schlecht fühlen. Sehen Sie, was Sie in dem Moment gerade sahen, und hören Sie, was Sie hörten. Erinnerungen beinhalten nicht, daß Sie sich selbst in dem Ereignis sehen, außer in Erlebnissen wie z.B. einem Autounfall, bei dem sich eine Person automatisch dissoziiert, als Schutzmechanismus, um den Schrecken des Ereignisses zu vermindern. Stellen Sie sicher, daß diese Erinnerung dazu führt, daß Sie sich schlecht fühlen. Mit dem

Wissen, daß sie Sie dazu bringt, sich schlecht zu fühlen, lassen Sie die Erinnerung ganz bis zum Ende laufen, und dann lassen Sie sie rückwärts laufen. Nehmen Sie sich ein paar Minuten Zeit, über das Erlebnis nachzudenken, und finden Sie heraus, ob Sie sich dabei immer noch so fühlen wie vorher oder nicht. Die Reihenfolge eines Erlebnisses umzudrehen ist eine Möglichkeit, die Auswirkungen einer unangenehmen Erinnerung zu verändern. Der Mechanismus ist derselbe, aber er wird in einer anderen Art und Weise genutzt, indem die Teile des Ereignisses in eine neue Reihenfolge gebracht werden.

Phobiker sind Menschen, die gelernt haben, sich durch irgend etwas in Panik versetzen zu lassen. Als Person, die phobisch in bezug auf Aufzüge reagiert, kann jemand in dem Moment, in dem er in einen Aufzug tritt, nicht nicht in Panik geraten. Es gibt eine Struktur der phobischen Reaktion, und diese Person kann sich nicht die besondere Bedeutung *nicht* vergegenwärtigen, die Aufzüge für sie haben. Ein Phobiker ist so in Panik, daß er sich keine Vorstellung von sich selbst machen kann, wie er mit dem Ding, dem gegenüber er phobisch ist, irgendeine Erfahrung macht. Er könnte das, was Sie eben getan haben (eine Erinnerung rückwärts laufen zu lassen), nicht machen, wenn es seine Phobie berührt. Denken Sie an jemanden, der in einen Unfall verwikkelt war, bei dem er hätte ertrinken können, und der infolge dieses Unfalls eine Wasserphobie hat. Es ist für ihn schrecklich, sich an den Unfall in allen Einzelheiten zu erinnern, also genau das gleiche Ereignis zu sehen und zu hören. Das Erlebnis und die Erinnerung daran sind überwältigend. Die Frage ist, wie können Sie, wenn die Erinnerung an das Erlebnis überwältigend ist, den Mechanismus der Phobie nutzen, um eine Veränderung in Gang zu setzen?

    Als erstes muß beim Umgang mit einer Phobie der Zeitrahmen verändert werden. Wenn ein Phobiker an das Erlebnis denkt, das seine Phobie entstehen ließ, ist er in einer gefährlichen Position; er kann in seiner Erinnerung jedoch zu dem Zeitpunkt zurückgehen, der vor dem Ereignis lag, zu einer Zeit, als er sicher war. Und wie schrecklich das Erlebnis auch immer war, so hat er es doch überlebt und kann in der Zeit vorangehen bis zu einem Zeitpunkt nach dem Ereignis, wo er wieder an einem sicheren Platz ist. Dies stellt das traumatische Ereignis in einen größeren Erfahrungsrahmen. In der Erinnerung wird er sich von einem sicheren Platz durch das Ereignis hindurch zu einem anderen sicheren Platz bewegen. Die kontextuelle Veränderung allein reicht nicht aus, um der Person zu ermöglichen, die Erinnerung durchzugehen. Sie stellt nur den ersten Schritt in diesem Prozeß dar.

Im nächsten Schritt soll sich die Person von der Erinnerung dissoziieren; d.h. sie soll sich selbst sehen, zu diesem anderen Zeitpunkt und an diesem anderen Ort. Sich selbst in einem Ereignis zu sehen, hat eine andere emotionale Wirkung als eine echte Erinnerung. Um das selbst zu überprüfen, erinnern Sie sich bitte daran, wie es war, in einer Achterbahn zu fahren. Sehen Sie, was Sie sahen, und hören Sie, was Sie hörten, als Sie im Wagen saßen, während die Achterbahn hinauffuhr, höher und höher, über den höchsten Punkt und in die Tiefe hinunter. Halten Sie die Bewegung an und treten Sie aus sich heraus, so daß Sie sich selbst sehen, wie Sie da sitzen. Starten Sie die Bewegung wieder, und beobachten Sie sich, wie Sie in dem Wagen sitzen, während er in die Tiefe hinunterfährt. Das fühlt sich anders an, nicht wahr? Diese Dissoziation kann dem Phobiker ermöglichen, sich an die Erinnerung eines traumatischen Ereignisses auf eine relativ unbedrohliche Weise anzunähern.

Um die Erinnerung an das Erlebnis angenehmer zu gestalten, kann die Person die Bilder auf die Wand projizieren und so ein wenig Distanz zu ihnen bekommen. Dies macht es zu einer zweistufigen Dissoziation. Um es eine dreistufige Dissoziation werden zu lassen, kann die Person sich auch in der Gegenwart sehen, als ob sie in einem Kino wäre und aus der Perspektive des Vorführraums schaute. Sie kann sich selbst da sitzen sehen, wie sie sich auf der Leinwand beobachtet, zu diesem anderen Zeitpunkt und an dem Ort, wo das Ereignis passierte. Es ist eine gute Idee, diese dreistufige Dissoziation zu ankern, so daß Sie, falls die Person beginnt, sich in das Ereignis hinein zu assoziieren, den Anker betätigen und sie damit aus demselben heraushalten können.

Beginnen Sie damit, daß Sie die Person ein stillstehendes Bild, sozusagen ein Standbild, sehen lassen, in dem sie sich selbst in Sicherheit sieht, bevor das Ereignis stattfindet. Lassen Sie dieses Bild beiseite, und lassen Sie die Person sich selbst in einem zweiten Standbild sehen, wieder in Sicherheit, nachdem das Ereignis vorüber ist und sie weiß, daß sie es überlebt hat. Dies gibt ihr einen Anfang und ein Ende für die Erinnerung. Gehen Sie zu dem ersten Standbild zurück, zu dem vor dem Ereignis. Stellen Sie sicher, daß das Bild auf die Wand projiziert worden ist. Lassen Sie die Person dann sich selbst in der Gegenwart sehen, wie sie mit Ihnen dasitzt und sich selbst zu diesem anderen Zeitpunkt und an diesem anderen Ort beobachtet. Benutzen Sie Ihren Anker für die dreistufige Dissoziation, und lassen Sie die Person Bewegung in das Bild bringen. Lassen Sie sie durch die ganze Erinnerung zu dem zweiten sicheren Platz gehen, und stoppen Sie dann die Bewegung. Bringen Sie sie zurück in ihren Körper, und lassen Sie sie sich dann mit dem zweiten sicheren Bild assoziieren, wo sie sieht, was sie sah, und hört, was sie hörte, nachdem das Ereignis vorüber war. Lassen Sie sie die Sequenz in umgekehrter Richtung durchlaufen – schnell. Es ist so, als ob sie den Projektor umgekehrt eingestellt hätte, durch den ganzen Film zurück zu dem ersten Standbild. Auf diese Weise assoziiert, sollte es eine vollständige V.A.K.O. (visuell, auditiv, kinästhetisch, olfaktorisch/gustatorisch)-Erfahrung sein, außer daß sie rückwärts läuft. Dies nutzt die Mechanismen des alten Verhaltensmusters und wird die phobische Reaktion eliminieren.

Ein sofortiger verhaltensmäßiger Test ist sinnvoll, um den Leuten zu helfen, das zu verändern, was sie über sich selbst glauben. Wenn jemand seit zwanzig Jahren phobisch war, ist es für ihn schwierig zu glauben, daß er sich so schnell ändern kann. Ich arbeitete mit einer Frau, die klaustrophobisch war, die nicht in eine Telefonzelle gehen und die Tür schließen konnte. Nachdem wir die Phobietechnik gemacht hatten, schlug ich vor, sie solle zu einer Telefonzelle gehen und zwei Freunde anrufen, die wußten, daß sie Angst vor geschlossenen Räumen hatte, und ihnen erzählen, was sie gerade tat. Sie kam strahlend zurück und erzählte, wie wunderbar sie sich fühlte, als sie ihren Freunden mitteilte, daß sie in einer Telefonzelle war und die Tür geschlossen hatte. Dies war eine gute Gelegenheit, eine Menge Späße darüber zu machen, wie schwierig es sein wird, sie dazu zu bringen, aus solchen kleinen, geschlossenen Räumen herauszukommen. Jeder Scherz läßt sie wieder durch das neue Muster gehen und dient dazu, es zu verstärken.

Wenn ein verhaltensmäßiger Test momentan unpassend oder nicht zur Verfügung ist, können Sie anfangen, über die Sache zu sprechen, gegenüber der sie phobisch war, und auf ihre Reaktionen achten. Dann machen Sie ein Future Pace. Bitten Sie sie, an etwas zu denken, was sich noch nicht ereignet hat, was aber geschehen könnte, und was in der Vergangenheit eine phobische Reaktion hervorgerufen hätte. Lassen Sie sie dieses vorgestellte Ereignis durchspielen, als ob es ihr passieren würde, und achten Sie auf ihre Reaktion. Dies ist etwas, was sie nicht hätte machen können, wenn das alte phobische Verhaltensmuster intakt wäre. Ein anderer Versuch eines Future Pace ist die Frage: „Wenn diese Arbeit erfolgreich ist, was könnten Sie dann tun, was

Sie vorher nicht hätten tun können?" Wenn sie dieses Verhalten erst einmal identifiziert hat, bringen Sie sie dazu, sich vorzustellen, es zu tun, und die Tätigkeit zu genießen. Es ist eine Sache, fähig zu sein, etwas zu tun; aber Vergnügen bei der Tätigkeit zu erleben, die schrecklich war, stellt eine viel höhere Stufe der Veränderung dar.

Spaß und Lachen sind wichtige Bestandteile jeder Veränderungsarbeit. Genaugenommen können Sie nicht NLP machen, wenn Sie keinen Sinn für Humor haben: er ist eine der Grundvoraussetzungen. Ich arbeitete mit einem neunjährigem Jungen, der eine Schlangenphobie hatte. Er spielte in der Scheune, nahm ein Handvoll Heu hoch und merkte, daß er eine Schlange in der Hand hielt. Seine Reaktion auf den Vorfall war extrem, und er hatte in den zehn Monaten nach dem Ereignis keine einzige Nacht durchgeschlafen. Als erstes fragte ich ihn, was er dächte, wo die Schlange nun wäre. Ich gab die Antwort selbst: „Wahrscheinlich versteckt sie sich in ihrem Loch. Wenn ihre Mutter sie fragt, warum sie nicht in die Scheune zum Spielen geht, erzählt sie ihr von dem Jungen, der sie hochnahm, anschrie und herumwarf." Er hielt dies für sehr lustig, und wir lachten darüber, wie dumm die Schlange war. Dann erzählte ich ihm die Geschichte von Jessica und ihrem Monster.

Das Ereignis aus der Sicht der Schlange wahrzunehmen, vermittelte ihm eine neue Perspektive. Wir scherzten darüber, wer mehr erschrocken war, er oder die Schlange. Wenn es möglich war, daß die Schlange so einen Fehler machte, war das auch bei ihm möglich. Jessicas Geschichte brachte die Idee ins Spiel, daß er den Prozeß, der ihn erschreckte, kontrollieren könnte; und wenn eine Dreijährige dazu fähig war, konnte das ein großer Neunjähriger wie er sicherlich auch. Die Geschichten und das Lachen machten es einfacher, den Rest der Arbeit zu tun, und er konnte heimgehen und die ganze Nacht alleine schlafen, ohne von Schlangen zu träumen.

Falls, was manchmal passiert, eine Person sich an das Originalerlebnis nicht erinnern kann, an jenes, das die Phobie erzeugte, lassen Sie sie drei verschiedene Erlebnisse identifizieren, in denen sie phobisch reagierte, drei verschiedene Kontexte, in denen sie gegenüber derselben Sache phobisch reagierte. Verändern Sie das erste Erlebnis, das früheste, indem Sie dieselbe Technik verwenden, die Sie beim Originalerlebnis benutzen würden. Dann verändern Sie die anderen zwei auf dieselbe Weise. Diese Muster generalisieren und werden eine Veränderung der phobischen Reaktion bewirken.

Die Phobien selbst werden oft auf andere Erlebnisse generalisiert. Ich arbeitete mit einer Frau, die eine Phobie in bezug auf Brücken hatte, bei denen man durch das Gitterrost auf das Wasser unten sehen konnte. Nachdem ein Erlebnis mit einer Brücke verändert worden war, sagte sie: „Nein, es ist das Geräusch der Reifen auf der Brücke, das die Angst auslöst." Wir arbeiteten dann mit dem Geräusch, das Übelkeit hervorrief. Die Veränderung der Reaktion auf das Geräusch brachte sie zu den Geräuschen eines Schiffsmotors auf hoher See zurück. Sie war als Kind in einen Sturm geraten, an ihre Koje gebunden, seekrank, sich erbrechend, während Wasser über das Deck flutete und sie ihren Vater sagen hörte, daß sie es nicht schaffen würden; und als Hintergrund des ganzen Erlebnisses hörte sie das Geräusch des Motors, der bei dem Seegang auf eine harte Probe gestellt wurde. Als das einmal verändert war, war das ganze Muster durchbrochen, und es gab keine Reaktion auf Brücken mehr.

Sie sollten nun eine Ahnung davon haben, wie der Mechanismus des alten Verhaltensmusters verwendet wird, um etwas zu lehren, was das unerwünschte Verhaltensmuster ersetzen wird. Lassen Sie uns dieses Prinzip nehmen und anfangen, es in einer Weise anzuwenden, die Ihre Verhaltensmuster auf eine nützliche Art beeinflussen wird.

In der folgenden Übung werden Sie etwas machen, das sehr einfach ist. Es gibt Prozesse, die Sie verstehen, folglich kennen Sie das Gefühl des Verstehens. Sie waren auch manchmal verwirrt, folglich wissen Sie, wie es sich anfühlt, von irgend etwas verwirrt zu sein. Die meisten Menschen machen sich, wenn sie durch irgend etwas verwirrt sind, daran, mehr Informationen über den Gegenstand zu sammeln. Das führt meist dazu, daß sie noch verwirrter werden. Die Schwierigkeit ist nicht, daß sie nicht genügend Informationen haben, sondern daß sie die Information nicht in einer zweckmäßigen Weise organisiert haben. Diese Übung befaßt sich speziell mit der Organisation der Information.

Übung: Vom Verwirrtsein zum Verstehen

Wählen Sie sich eine(n) Partner(in) und legen Sie fest, wer von Ihnen Person A und wer Person B ist.

Schritt 1. Person A soll etwas identifizieren, was sie versteht, und etwas, bezüglich dessen sie verwirrt ist. Sie müssen zwischen Verwirrung und Unwissenheit unterscheiden. Wenn Sie keine oder nur sehr wenig Informationen über eine Sache haben, sind Sie diesbezüglich unwissend. Verwirrt sind Sie, wenn Sie Informationen haben, aber noch nicht herausgefunden haben, wie sie zu nutzen sind.

Um zu vermeiden, daß dieses Erlebnis mit dem Seminar hier vermengt wird, wählen Sie bitte nichts, was inhaltlich mit dem Neuro-Linguistischen-Programmieren zu tun hat.

Schritt 2. Person B soll folgendes herausfinden: Wenn Person A an die Sache denkt, von der sie sagt, daß sie sie versteht, gibt es dann bestimmte Submodalitätscharakteristika? Stellen Sie auch fest, ob oder wie diese Charakteristika anders sind, wenn sie an etwas denkt, das sie nicht versteht oder das sie verwirrt.

Fragen Sie nicht, was sie versteht oder was sie verwirrt. Es folgt nun ein Beispiel für die Vorgehensweise.

B: Haben Sie etwas, was Sie verstehen, und etwas, was Sie verwirrt?
A: Ja.

B: Gehören zu beiden Bilder dazu?
A: Ja.
B: Sind es beides Filme, gibt es Bewegung in ihnen, oder sind es stillstehende Bilder – wie ein Dia?
A: Verstehen ist ein Film, aber Verwirrung ist wie ein Haufen Dias, eines hinter dem anderen.
B: Beinhalten beide Geräusche?
A: Ja. Beim Verstehen gibt es eine Stimme, die mir erzählt, was zu tun ist. Wenn ich verwirrt bin, höre ich mich immer wieder selbst sagen: „Ich weiß nicht."

Verwenden Sie die alte Versuch-und-Irrtum-Methode. Gehen Sie die Submodalitäten durch, die in Tabelle 2 aufgelistet sind, und finden Sie den Unterschied heraus, der zwischen den internen Repräsentationen Ihres Partners/Ihrer Partnerin, den Repräsentationen des Zustandes des Verstehens und des Zustandes der Verwirrung besteht. Jedes Mal, wenn Sie einen Unterschied finden, schreiben Sie ihn bitte auf.

Schritt 3. Wenn Sie mit der Herausarbeitung der Submodalitäten von Verstehen und Verwirrung fertig sind, lassen Sie Ihre(n) Partner(in) Verwirrung in Verstehen umwandeln, indem die Submodalitäten der Verwirrung so verändert werden, daß sie mit den Submodalitäten von Verstehen übereinstimmen. Im oben zitierten Beispiel liefe ein typischer Dialog folgendermaßen ab:

B: Wenn Sie an die Sache denken, die Sie verwirrt, haben Sie eine Reihe von stillstehenden Bildern. Fügen Sie zwischen ihnen weitere Bilder ein, bis Sie genügend Bilder haben, um daraus einen Film zu machen.
Sind Sie immer noch verwirrt?
A: Ja.
B: Hören Sie auf die Tonlage, die Tonalität, den Rhythmus der Stimme, die Sie beim Verstehen hören. Jetzt verändern Sie die Stimme, die sagte, „Ich verstehe nicht", bis sie mit der Stimme vom Verstehen übereinstimmt.
Sind Sie immer noch verwirrt?
A: Etwas, aber die Stimme bei der Verwirrung beginnt die Bilder zu beschreiben, die ich sehe.

Machen Sie mit der Liste von Unterschieden weiter, die Sie aufgestellt haben, indem die Submodalitäten der Verwirrung eine nach der anderen in die Submodalitäten des Verstehens verwandelt werden, bis die Person nicht länger verwirrt ist.

Schritt 4. Tauschen Sie die Rollen, so daß jede(r) von Ihnen die Gelegenheit hat, Submodalitäten herauszuarbeiten und die Veränderung bei der Anpassung einer Submodalitätskonfiguration an eine andere zu erleben.

Es folgt ein Transkript von der Arbeit Richard Bandlers mit den Submodalitäten von Verwirrung und Verstehen, das einen zusätzlichen Einblick in den Prozeß bietet.

R.B.: Was haben Sie herausgefunden? Jetzt gibt es keine Ausrede mehr. Alles, was Sie verwirrt, was es auch sei ... geben Sie ihm einen Sinn. Die Menschen entdecken bei dieser Übung, daß sie mehr wissen, als sie zu wissen glaubten.

N.: Ich merkte im verwirrten Zustand, daß es eine interne Lautstärke gibt, die sehr laut ist und mich vom Hören und Sehen und von allem abhält.

R.B.: (brüllend): Was?

N.: Wenn Sie die Lautstärke verringern, werde ich ...

R.B.: Oh, okay. Wenn Sie eine laute Stimme in Ihrem Kopf haben, ist es schwer zu ...

N.: Zu hören und zu fühlen.

R.B.: Wie wenn man Kinder hat ... wenn man sich selbst nicht mehr denken hören kann. Gut, wenn Sie eine sehr laute ... war die Lautstärke die Ihrer eigenen inneren Stimme?

N.: Ich habe nicht überprüft, wessen Stimme es war.

R.B.: Hoffentlich war es Ihre. Oder vielleicht war es die Ihres Partners.

P.: Lautstärke ist das eine, was ich benutzte, denn das war das, was sie immer wieder wiederholte. Sie hatte im verwirrten Zustand kein Bild, aber als sie die Lautstärke verringerte, erhielt sie ein Bild. Es wurde klarer. Es wurde ähnlich wie das beim Verstehen.

R.B.: Wie heißen Sie?

N.: Nicky.

R.B.: Als Sie das gemacht haben, Nicky, hatten Sie da das Erlebnis des Verstehens? Als Sie taten, was er beschreibt?
N.: Nein. Was ich hatte, waren mehr Wahlmöglichkeiten. Ich fühlte mich nicht so festgefahren.
R.B.: Okay, aber haben Sie es so verändert, daß es das Gleiche wie Verstehen war?
N.: Ich fühlte, daß es mich ... es mich zu mehr Verstehen bringen würde.
R.B.: Das hoffe ich. Ich wollte nur ganze Arbeit leisten, also den ganzen Weg gehen.
N.: Das ist das Gefühl, was ich habe, daß es irgendwohin geht.
R.B.: Warum verändern Sie es nicht noch weiter, auf diesem Weg, und finden es heraus.
N.: Ich weiß nicht, wie das zu tun ist.
R.B.: Gab es, als Sie es veränderten, irgendeinen Unterschied, einen Punkt, an dem Sie das Verständnis bekamen? Hatten Sie beim Verstehen ein helleres Bild, mehr Bilder, war eines ein Film und die anderen Dias.
N.: Es gab mehr Bewußtwerden all der Geräusche rings herum.
R.B.: Nein. Gibt es einen Unterschied zwischen dem, wenn Sie sich in einem Zustand des Verstehens befinden, und dem, wenn Sie in einem Zustand sind, wo es mehr Bewegungen gibt? Wahrscheinlich würden Sie in diesem Zustand schließlich ein gewisses Verständnis bekommen. Ich versuche gerade, herauszufinden, ob es einen Unterschied gab zwischen dem, wenn Sie verstehen und dem, wenn Sie in einem Bewegungszustand sind. Ein Bewegungszustand könnte besser sein – das Problem beim Verstehen ist, Sie könnten sich irren.

Die Handhabung der Submodalitäten (wie Farbe, Bildschärfe, Größe, Entfernung, Bewegung, Tonlage, Lautstärke, Position) zu erlernen ist ein erster Schritt, um Flexibilität zu entwickeln, mit der Sie Ihre eigenen inneren Zustände steuern. Das ist neu, und es erfordert einige Übung. Dies sind Phänomene, die größenteils außerhalb des Bewußtseins liegen. Es sind jedoch Prozesse, derer Sie sich bewußt werden können; und zwar, indem Sie anhalten, zum Anfang einer Erinnerung zurückkehren und erneut durch das Ereignis gehen. Machen Sie es langsamer, um herauszufinden, welche Struktur enthalten ist. Wenn Sie sich an ein bestimmtes Ereignis erinnern, sehen Sie zuerst ein Bild vor Ihrem geistigen Auge und hören Sie dann Stimmen? Welches sind die visuellen und auditiven Submodalitäten? Welches ist die Reihenfolge, in der Sie Dinge tun? Die meisten Menschen neigen dazu, dies komplizierter zu machen, als es wirklich ist. Die Schwierigkeit ist, zu lernen, wo man nach Einfachheit schauen soll, nach dem schwer faßbaren Offensichtlichen.

Beim Erlernen des Umgangs mit Submodalitäten treten einige Probleme immer wieder auf. Einige Menschen sagen, daß sie sich keine Bilder machen können. Andere sind gut darin, sich Bilder zu machen, wissen aber nicht, wie sie die Lautstärke der Geräusche ändern sollen, die sie in ihren Köpfen hören. Einige sind gut darin, sich Bilder zu machen, können sie aber nicht kontrollieren, also z.b. die Größe oder Entfernung verändern. Es gibt denjenigen, der sagt, er könne nicht etwas hören und es dann in seinem Kopf nochmals hören. Andererseits ist dies jemand, der die Stimme seiner Mutter hören kann, wie sie sagt: „Du bist genau wie dein Vater." Er trifft einfach keine Wahl, benutzt den Mechanismus nicht bewußt. Es lohnt sich, die Fähigkeit zu haben, diese Prozesse bewußt steuern zu können, so daß Sie an der Reaktion (zumindest dann und wann) beteiligt sind und etwas davon haben.

Das Transkript von Richard Bandler geht weiter:
R.B.: Was ist mit dem Rest von Ihnen? Haben Sie herausgefunden, was passierte, als Sie anfingen, die Struktur der Verwirrung in die des Verstehens umzuwandeln? Was geschah?

G.: Es erzeugte ein Verständnis für mich. Verschiedene Sachen veränderten sich ... wie z.B. die Größe von Dingen.

R.B.: Es setzt sie sozusagen ins richtige Verhältnis.

G.: Eine andere Sache war der Übergang von stillstehenden Bildern im Zustand der Verwirrung in die bewegten Bilder eines Films.

R.B.: Da gibt es viel mehr Information.

G.: Zweifellos. Es bringt dich in Schwung.

R.B.: Sie nehmen diese Dias und verwandeln sie in einen Film, und dies bringt Sie in Schwung. Das ergibt Sinn.

A.: Für mich war das Gegenteil wahr.

R.B.: Das ergibt Sinn.

A.: Als ich das Bild nahm, bei dem ich verwirrt war, war dieses Bild in Bewegung. Das Bild, in dem ich verstand, war eine Folge von Standbildern. Ich sah mich selbst eigentlich nicht in Bewegung. Ich kann es zur Bewegung bringen, aber es lenkt mich ab.

R.B.: Es lenkt Sie ab?

A.: Weil alles auf einmal losgeht.

R.B.: Das ist der Unterschied. Jetzt wird es interessant: Sie sollen versuchen, den Prozeß von jemand anderem auszuprobieren, von Verwirrung zu Verstehen zu kommen.

A.: Er wäre für mich keine gute Person zum Ausprobieren.

R.B.: Oh, ganz im Gegenteil ...

S.: Bevor wir weitermachen, habe ich eine Frage zu etwas, was ich gemacht habe. Meine Partnerin hatte ein Bild für eine Situation, aber nicht wirklich eines für die andere. Sie hatte bei der ersten Gefühle und keine bei der zweiten. Es schien bei beiden keinen auditiven Kanal zu geben, deshalb ließ ich sie einen auditiven Kanal für beide installieren. Das war der einzige Weg, auf dem ich einen Kanal bekommen konnte, den beide Erfahrungen gemeinsam hatten.

R.B.: Wir haben nicht versucht, einen gemeinsamen Kanal für beide Erfahrungen einzurichten. Wir haben einfach versucht, eine in die andere umzuwandeln.

S.: Aber wenn Sie ein Bild für die eine und keines für die andere haben ...

R.B.: Dann machen Sie davon ein Bild – ganz einfach, auf der Stelle.

S.: Ich konnte kein Bild stabil werden lassen.

R.B.: Wo kam das Bild ursprünglich her? Wie wußte sie, aus was sie ein Bild machen sollte?

S.: Das Bild war einfach da.

R.B.: *A priori?* Nun, Sie müssen verstehen, daß die Menschen, wenn sie Ihnen etwas berichten, das erzählen, was sie wissen. An dem Punkt müssen Sie anfangen, im Ablauf zurückzugehen. In diesem Fall müssen Sie sie fragen, wie sie weiß, was sie in das Bild setzen muß. Angenommen, Sie müßten ihre Verwirrung ausprobieren. Sie müßten verwirrt von irgend etwas sein, in derselben Art, wie sie es war. Sie hatte Gefühle, als sie verwirrt war oder als sie verstand?

S.: Als sie verwirrt war.

R.B.: Wenn Sie ihre Verwirrung ausprobieren, wie wissen Sie, welche Gefühle Sie haben müssen? Sie mußte auswählen, von was sie verwirrt war, und dann die Gefühle haben. Wie traf sie ihre Wahl?

S.: Sie hatte sehr viele Bilder.

R.B.: Das war, als sie verwirrt war?

S.: Richtig. Ich konnte die Bilder nicht dazu bringen, sich zu stabilisieren.

R.B. (zu L.): Es gab Dinge, die Sie nicht verstanden, und dann haben Sie sie verstanden?

L.: Stimmt.

R.B.: Wie machten Sie ... ist das klare Bild ein stillstehendes, sozusagen ein Standbild, oder ein Film?

L.: Es ist ein Standbild.

R.B.: Wie kommen Sie von sehr vielen Bildern zu einem Standbild?

L.: Ich weiß nicht.

R.B.: Können Sie an etwas denken, bezüglich dessen Sie gewöhnlich verwirrt waren? Ist es nur ein Standbild oder gibt es eine Folge von Standbildern?
L.: Oh, es könnte eine Folge von Standbildern sein. Ich dachte an diese bestimmte Sache, die ich verstand. Es war nur ein Standbild.
R.B.: Und ist es scharf?
L.: Ja.
R.B.: Sie kann ein scharfes und stabiles Bild bekommen; sie weiß nur nicht welches. Nun, können Sie von der Sache, die Sie verwirrte, ein anderes Bild nehmen und es scharfstellen?
L.: Okay.
R.B.: Jetzt ein anderes. Ein anderes. Und noch ein anderes. Und sie alle haben dieses „nicht ganz richtig"-Gefühl.
L.: Ja.
R.B.: Jetzt schließen Sie eine Minute lang Ihre Augen und schauen alle fünf an. Jetzt quetschen Sie sie zusammen. Beobachten Sie, was passiert. Als ob Sie auf jede Seite eine Hand legen und sie in ein Bild zusammendrücken würden.
L.: Ich denke, ich habe es gemacht.
R.B.: Beobachten Sie es weiter. Jetzt richten Sie es aus. Machen Sie es klar. Haben Sie jetzt ein einzelnes Dia?
L.: Ich denke. Ich weiß nicht, woraus es besteht. Ich fühle mich anders, aber ich weiß nicht, ob ich nun irgendein bestimmtes Bild sehe.
R.B.: Sie müssen uns das verraten. Haben Sie ein klares Dia? Wenn es nicht klar ist, machen Sie es klar. Hören Sie auf, unsere Zeit zu verschwenden.
L.: Wie habe ich mich in diese Lage gebracht?
R.B.: Sie haben Geld bezahlt. Denken Sie darüber nach. Sie waren zu der Zeit wahrscheinlich verwirrt.
L.: Ich bin es immer noch.
R.B.: Es gibt noch einen anderen Weg, das anzugehen. Dies ist nur ein Weg. Ich habe gerade nur für die Leute demonstriert. Es ist nicht wichtig. Die andere Sache, was Sie machen können, ist, zurückgehen und eines der klaren Dias nehmen und darauf achten, wann es sich nicht ganz

richtig anfühlt. Wie wenn ein Teil Ihrer Gefühle damit nicht übereinstimmt. Nehmen Sie einfach diesen Teil und ändern Sie das, was in dem Dia ist, bis er sich richtig anfühlt. Und ändern Sie einfach, was darin ist. Jedes für sich, indem Sie es abändern ... mit anderen Worten, es fühlt sich nicht ganz richtig an ... also verändern Sie es, bis Sie einen Teil Ihrer Gefühle dazu kriegen, sich zu ändern. Und dann vielleicht einen anderen Teil. Und einen anderen Teil. Versuchen Sie das.

Der Prozeß, den Übergang von Verwirrung zu Verstehen auf diese Weise zu machen, befähigt Sie dazu, Übung bei der Herausarbeitung und Veränderung von Submodalitätsmustern zu gewinnen. Wenn Sie geschickter werden und mehr Erfahrung bekommen, werden Sie auch ein Verständnis dafür gewinnen, wie Submodalitäten im subjektiven Erleben funktionieren. Sie beschäftigen sich mit der Struktur und nicht mit dem Inhalt des Erlebens.

„Vom Verwirrtsein zum Verstehen" ist in gewissem Sinn eine falsche Bezeichnung. Den Übergang von Verwirrung zu Verstehen zu machen, ist etwas, das wir alle bei der Tätigkeit des Lernens tun. Der Unterschied besteht darin, daß Sie in der Vergangenheit die begleitenden Submodalitätsveränderungen nicht bewußt vorgenommen haben. Der nächste Schritt ist, einen anderen Weg zu benutzen, Information zu organisieren, einen anderen Weg des Lernens. Dadurch werden Sie einen größeren Grad an Flexibilität erreichen. Das werden wir so machen, daß wir den Weg von jemand anderem benutzen, vom Zustand der Verwirrung in den Zustand des Verstehens zu kommen.

Übung: Den Prozeß einer anderen Person verwenden

Arbeiten Sie mit demselben Partner/derselben Partnerin wie in der letzten Übung.

Schritt 1. Person A identifiziert irgend etwas, was sie versteht. Sie können denselben Inhalt wie in der vorhergehenden Übung verwenden oder irgend etwas anderes wählen.

Schritt 2. Person B wird, indem sie die Notizen aus der vorhergehenden Übung verwendet, Person A instruieren, die Submodalitäten ihres Verstehens in die der Verwirrung von Person B zu verwandeln.

Schritt 3. Wenn Person A dann auf dieselbe Weise verwirrt ist wie Person B, wird Person B sie instruieren, die Submodalitätsveränderungen zu der Art des Verstehens von Person B vorzunehmen.

Schritt 4. Tauschen Sie die Rollen und wiederholen Sie die Schritte 1 bis 3.

Wenn Sie den Prozeß von jemand anderem benützen, vom Zustand der Verwirrung in den Zustand des Verstehens zu kommen, geschieht folgendes: Sie verwenden seine Methode des Lernens, seine Methode, Informationen zu organisieren. Wenn Sie dies tun, sollten Sie eine sorgfältige Wahl treffen und jemanden nehmen, dessen Strategie effizient und effektiv ist. Wenn Sie etwas erlernen wollen, so finden Sie jemand, der es schnell und mühelos gelernt hat; dann tun Sie es auf seine Art, indem Sie sein System verwenden, Informationen zu organisieren. Wenn Sie versuchen, Dinge auf eine Weise zu lernen, die nicht funktioniert, bleiben Sie verwirrt oder noch schlimmer, inkompetent. Wenn Sie auf eine Weise lernen, die funktioniert, wird die Verwirrung in einem vorhersagbaren und daher wiederholbaren Prozeß durch Verstehen ersetzt.

Was bedeutet das alles bezüglich des Inhalts? Es bedeutet, daß der Inhalt schon da war. Mit anderen Worten, Sie waren auch mit der Information, die Sie schon hatten, imstande zu verstehen. Manchmal verfügen die Menschen nicht über genügend Informationen, um einen Zustand des Verstehens erreichen zu können, aber wenn sie durch diesen Prozeß gehen, in dem Informationen mit Hilfe von Submodalitätsveränderungen organisiert werden, entdecken Sie die fehlenden Stücke. Sie werden dann genau wissen, welche Informationen sie brauchen, um zu verstehen. Dies ist kein Vehikel, um Sie davon abzuhalten, sich verwirrt zu fühlen; es ist ein Vehikel, mit dem Sie mehr wissen können – viel mehr. Hinsichtlich der Dinge, die Sie schon wußten, ist Ihr Gehirn in der Lage, sogar noch mehr zu wissen. Alles was Sie tun müssen ist, die Informationen so zu strukturieren, daß sie anders organisiert sind.

Jede Ihrer Erfahrungen, wie Sie sie auch immer nennen (Verwirrung, Verstehen, Motivation, Aufregung, etc.), hat eine Struktur. Der Zweck dieser Übung ist, Ihnen ein umfassenderes Verständnis dieser Struktur zu vermitteln. Sie haben entdeckt, daß die Repräsentationssysteme grobe Unterscheidungen sind, und daß wir unser Erleben mit Hilfe viel feinerer Unterscheidungen repräsentieren, mit den Submodalitäten. Die Submodalitäten sind auch insofern systemisch, als sie dazu neigen, sich gegenseitig zu beeinflussen. Haben Sie z.b. im auditiven Teil Ihres Erlebens eine Veränderung bemerkt, als Sie Ihr Bild heller machten?

In der Natur existieren Beziehungen und Zusammenhänge, die unsere Gehirne gelernt und auf interne Prozesse angewendet haben. Wenn sich etwas entfernt und immer weiter fortbewegt, verringert sich die von ihm erzeugte Lautstärke. Denken Sie an ein angenehmes Erlebnis, sehend, was Sie in dem Moment gerade sahen, und hörend, was Sie hörten. Bewegen Sie dieses Bild weg, so daß es sich immer weiter entfernt, und achten Sie darauf, ob der Ton leiser wird. Denken Sie, als eine Art von Generalisierung, an die Verhältnisse in der Natur, aber überprüfen Sie, wie bei allem anderen im NLP auch, Ihre Vermutungen, bevor Sie sich nach ihnen richten. Hören Sie insbesondere sorgfältig auf die Sprache, die Menschen verwenden, um ihre Erlebnisse zu beschreiben. Sie können, und das ist ein Weg, um Ihre eigenen Prozesse zu erforschen, einige der Muster, die Sie spontan verwenden, umdrehen. Wenn ein Bild z.b. kleiner wird, während Sie es fortbewegen, fangen Sie an, es größer zu machen, während Sie es von sich wegbewegen. Was geschieht mit dem Ton, wenn Sie das tun? Wie verändert dies die Art und Weise, wie Sie sich in bezug auf dieses Erlebnis fühlen?

Viel von dem, was wir hier zusammen durchgehen werden, wird Sie in die Lage versetzen, Techniken zu entwickeln, die viel besser sind als alle, die Sie gelernt haben. Sie haben NLP in Ihr Denken integriert, wenn Sie jemandem zuhören und sich sofort mühelos eine wirksame Technik ausdenken können. Dies ist nützlicher, als sich z.b. an Reframing zu erinnern und es als Rezept zu verwenden. Alles, was Sie dafür brauchen, ist, daß Sie wissen, wie Sie Ihr Gehirn bewußt benutzen können, und daß Sie ein paar Beispiele haben, von denen Sie ausgehen können.

Der nächste Schritt ist nochmals mit der Herausarbeitung von Submodalitäten verbunden. Es gibt Dinge, die Sie tun möchten, und sie zu tun ist einfach und natürlich – das wird „motiviert sein" genannt. Dann gibt es andere Dinge, die Sie tun möchten, und irgendwie tun Sie sie nicht – Ihnen fehlt die Motivation. Der Prozeß, wie Sie sich dazu motivieren, etwas zu tun, hat eine Struktur, ebenso wie es eine Struktur dabei gibt, wie Sie Verständnis für etwas bekommen. Sie sollen damit beginnen, daß Sie Ihre Erfahrungen durchforsten, um ein Beispiel für etwas zu finden, das zu tun Sie hoch motiviert waren, und das Sie taten. Sie sollen auch ein Beispiel für etwas finden, das Sie tun wollten und zu dem Sie nicht motiviert waren, und was Sie als Folge davon nicht getan haben.

Wenn Sie sich selbst in einem langweiligen, unscharfen Bild beobachten, kann das ein Gefühl produzieren, irgendwie festgefahren zu sein; aber wenn Sie sich assoziieren (die Szene anschauen, als ob Sie dort wären), wird sich das ganze Bild ändern und ein ganz anderes Gefühl produzieren. Dies ist ein Stück nützlicher Information. Manchmal entdecken wir, daß wir motiviert sind, Dinge zu tun, die wir nicht tun wollen. In diesem Fall dissoziieren Sie sich, und sehen Sie sich selbst, während Sie tun, was Sie nicht tun wollen – was immer es auch ist –, in einem langweiligen, unscharfen Bild. Auf diese Weise ist es nicht so reizvoll und könnte Sie gerade noch vor einer Menge Schwierigkeiten bewahren. Manchmal hat der Kontext einen Einfluß darauf, welche Submodalitäten einen Unterschied ausmachen. Z.B. kann es in einem Kontext notwendig sein, die Bewegung zu verlangsamen, um Sie zu motivieren, während es in einem anderen Kontext nötig sein wird, die Bewegung schneller zu machen, um Sie in Gang zu bringen. Bei einigen Menschen, die die Dinge in den Griff bekommen müssen, kann es notwendig sein, für sie die Bewegung ganz anzuhalten, damit sie sich motivieren.

Bei der Erkundung der Motivationsstrategie von jemand anderem wird es für diesen einfacher, exakt zu antworten, wenn Sie ihm mit Hilfe von Fragen, die einen Vergleich anbieten, die Wahl lassen, wie z.B.: „Ist es ein Schwarz weiß- oder ein Farbbild?", „Sind Sie assoziiert oder sehen Sie sich selbst in dem Bild?". Sie sollten auch besondere Aufmerksamkeit auf die Reihenfolge richten, in der Menschen Dinge tun, weil es die Reihenfolge ist, die sie von einem Zustand in den anderen bringt. Nutzen Sie wieder die Versuch-und-Irrtum-Methode und machen Sie es langsam. Wenn Sie sie einfach nur fragen, „Was machen Sie in Ihrem Kopf, wenn Sie sich selbst motivieren?", werden sie wahrscheinlich etwas Ähnliches antworten wie, „Na ja, ich denke daran, und dann bekomme ich dieses Gefühl". Die Submodalitätsunterscheidungen, die Sie hier erkunden, sind zum größten Teil nicht bewußt; es sind aber Unterscheidungen, derer sich eine Person bewußt werden kann. Es ist die Bewußtheit des Prozesses, die uns die Möglichkeit zur Veränderung liefert.

Es folgt ein Transkript aus einem Workshop, in dem Richard die Herausarbeitung einer Motivationsstrategie lehrt.

Transkript

R.B.: Wie schaffen Sie es, morgens aufzustehen? Wenn Sie aufwachen, müssen Sie sich motivieren, aus dem Bett zu kommen. Sie finden sich nicht einfach auf dem Fußboden stehend wieder. Wie machen Sie das?

Frau: Während ich noch schlafe, weckt mich eine leise Stimme auf.

R.B.: Mit Hallo.

Frau: Sie macht verschiedene Sachen. Vor ein paar Tagen sagte sie: „Du hast deinen Wecker nicht auf die richtige Zeit gestellt. Wenn du auf den Wecker wartest, wirst du eine Stunde zu spät kommen; deshalb stehst du besser auf."

R.B.: Also weckt sie Sie auf, indem sie Sie dazu bringt, sich schlecht zu fühlen. Das ist ja ein netter Weg, den Tag zu beginnen. Wenn du nicht aufstehst, wirst du zu spät kommen. Und dann fühlen Sie sich im Bett nicht mehr so wohl. Schaffe genügend Unbehagen, und schon wird sie aufstehen wollen, weil es keinen Spaß macht, im Bett zu liegen. Viele Leute tun dies. Wenn sie etwas sagen und es noch nicht schlimm genug ist, müssen sie etwas Schlimmeres sagen. Eine Drohung nach der anderen, bis es allzu unangenehm ist, im Bett zu sein. Es gibt eine alte Technik, die „volle Blase"-Technik. Das Gehirn sagt: „Da du nicht aufstehen willst, nimm das." Aber wie machen Sie es?

Frau: Was mich motiviert?

R.B.: Das hatten wir gerade. Wie motivieren Sie sich selbst? Machen Sie sich ein Bild von sich selbst, davon, wie Sie es tun, und steigen dann in das Bild und merken, wie Sie es tun?

Frau: Was mich dazu motiviert, morgens aus dem Bett zu springen, ist, daß ich eine Tasse Kaffee trinken und eine Zigarette rauchen kann, bevor die Kinder aufstehen und mich dazu motivieren, für den Rest des Tages genervt zu sein.

R.B.: Wenn Sie im Bett liegen, sehen Sie sich selbst, wie Sie eine Zigarette rauchen und einen Kaffee trinken, und machen Sie dann das Bild heller und steigen hinein?

Frau: Ich weiß nicht. Ich, ah...

R.B.: Dies kann bei Ihnen in einer Sekunde passieren. Und zwar, weil Sie gelernt haben, es sehr gut zu tun. Es gibt keinen Grund, es zu unterbrechen. Aber Sie können es immer noch, wenn Sie anhalten und zurückgehen, einfach in Ihrem Kopf zurückgehen. Schließen Sie Ihre Augen und hören Sie Ihren Wecker. Was geschieht?

Frau: Ein neuer Tag.

R.B.: Also sagen Sie, „ein neuer Tag." Was dann? Gehen Sie einfach zurück und hören Sie den Wecker. Hören Sie, was Sie sagen.

Frau: Ich weiß es einfach nicht. Ich ...

R.B.: Okay. Sie finden es heraus, wenn Sie zurückgehen. Sie hören den Wecker und bleiben einfach dabei, es durchzugehen. Finden Sie heraus, was passiert. Wenn es zu schnell vorbeigeht, gehen Sie zurück zum Anfang, fühlen Sie sich ganz entspannt und hören Sie den Wecker. Fähig dazu zu sein, sich die Zeit zu nehmen, herauszufinden, daß die Dinge für Sie zu schnell vorbeigehen können, ist wichtig. Je schneller es geht, desto mehr erfordert es, es genügend zu verlangsamen, um herauszufinden, was passiert.

Mann: Ich weiß, was ich zu mir sage, wenn ich aufwache, und dann, wie ich aus dem Bett komme. Bis zum Aufwachen scheint es automatisch abzulaufen. Ich sage, ich möchte morgens um Viertel nach sieben aufstehen, und genau um Viertel nach sieben öffnen sich meine Augen. Und ich weiß nicht, wie es funktioniert.

R.B.: In Hypnose funktioniert es mit jedem. Wir haben eine interne Uhr, die weiß, wie spät es ist. Was Sie machen ist, sich zu programmieren. Die meisten Menschen sagen, „Ich muß um acht aufstehen, oder vielleicht acht Uhr fünfzehn, und wenn ich mich beeile, könnte ich bis acht Uhr dreißig schlafen." Dann meint das Gehirn: „Na gut, wenn du dich nicht entscheiden kannst, zur Hölle mit dir. Kaufe einen Wecker." Wohingegen Sie sagen, „Ich muß um sieben Uhr fünfzehn aufstehen", und „Wuuusch" geht es. Wenn Sie sich jedoch nichts sagen, bevor Sie einschlafen ...

Mann: Ja, Sie müssen irgend etwas sagen. Es präzise sagen.

R.B.: Was wäre, wenn Sie das nicht täten? Was würde dann passieren?

Mann: Vielleicht würde ich niemals aufwachen.

R.B.: Achten Sie darauf, was er sagte. Er sagte: „Sie müssen irgend etwas Präzises sagen." Wenn Sie auf die Sprache achten, die die Menschen verwenden, werden sie Ihnen erzählen, was geschieht.

Mann: Für mich war das Wichtige der Anfang und das Ende der visuellen Bilder.

R.B.: Das Wichtige war der Anfang.

Mann: Und das Ende. Andernfalls lief es einfach.

R.B.: Wie lief es einfach weiter, wenn Sie kein Ende hatten? Wie können Sie ein Ende von der Mitte unterscheiden?

Mann: Es gab kein Ende der Bilder, die ich hatte.

R.B.: Also war das da, wo Sie nicht motiviert werden konnten.

Mann: Richtig.

R.B.: Wohingegen, wenn Sie eine bestimmte Stelle für den Anfang hätten, und eine bestimmte, wo sie dann hinkommen, würden Sie motiviert. Ich wette, Sie können Instruktionen gut folgen, wenn es gute Instruktionen sind.

Mann: Ja.

R.B.: Sie sollen herausfinden, was jemand anderes tut, um sich zu motivieren. Mit anderen Worten, seine Motivationsstrategie. Um herauszufinden, ob Sie in der Tat seine Strategie bestimmt haben, geht es anschließend darum, einen Kontext zu nehmen und ihn das tun zu lassen, was Sie ihm beschreiben ... motiviert es ihn? Mit anderen Worten, können Sie ihn motivieren, etwas zu tun, was völlig irrelevant ist? Wenn ich ihn also motivieren will, diesen Kugelschreiber aufzuheben, sage ich, machen Sie sich ein Bild von mir, wie ich dies (schnippt mit den Fingern) mache, als Anfang. Und sehen Sie sich selbst, wie Sie diese Sache machen, oder sehen Sie, was Sie sehen würden, wenn Sie es täten? Wie funktioniert es? Was passiert in der Mitte?

Mann: Es beginnt mit einem Bild.

R.B.: Ist es ein Dia oder ein Film?

Mann: Es beginnt als Dia und fängt an, sich zu bewegen.

R.B.: Sie beginnen mit einem Dia. Dann ist es ein Film. Und dann hören Sie mit einem Dia auf. Bedeutet dies, einen Anfang und ein Ende zu haben?

Mann: Oh.

R.B.: Gut, das macht Sinn. Er hat beides. Das ist klar. Nun, der Film in der Mitte. Ist er mit Ton?

Mann: Ja.

R.B.: Ist es ein Selbstgespräch oder das Hören dessen, was zur gleichen Zeit geschehen würde?

Mann: Das Hören von Tätigkeiten.

R.B.: Das Hören von Tätigkeiten. Sehen Sie sich selbst, wie Sie die Tätigkeit machen, oder sehen Sie, was Sie sehen würden, wenn Sie die Tätigkeit machen würden? Fangen Sie mit dem Dia an, mit dem ersten Dia.

Mann: Ich sehe mich nicht selbst. Ich sehe, was ich tue.

R.B.: Also würden Sie z.B. den Kugelschreiber hier drüben im Dia sehen.

Mann: Ja.

R.B.: Dann würden Sie Ihre Hand sehen, wie sie sich ausstreckt, wie sie den Kugelschreiber zu fassen bekommt und ihn aufhebt. Und das würde dann dort als Dia anhalten. Okay. Nur zu, probieren Sie es.

Es funktioniert.

Mann: Ja.

R.B.: Sehen Sie, wenn wir nicht mit einem Standbild begonnen hätten oder wenn er es von außerhalb des Filmes angesehen hätte... Zum Beispiel, lassen Sie mich den Kugelschreiber zurück haben. Jetzt sehen Sie sich selbst, wie sie sich hinüberstrecken und den Kugelschreiber ergeifen. Das bringt Sie nicht dazu. In Ordnung. Jetzt gehen Sie zurück und machen es auf die andere Weise.

Mann: Wie ein Roboter.

R.B.: Okay, probieren Sie etwas. Dieses Mal möchte ich, daß Sie dieselben Bilder machen, diejenigen, die Sie da hinüber gehen und den Kugelschreiber holen ließen. Okay. Nur zu! Fahren Sie fort, sie zu machen. Sie haben einen Anfang, lassen Sie es bis zum Ende durchlaufen, nur, daß Sie den Kugelschreiber nicht holen. Ist das nicht ein unheimliches Gefühl in Ihrer Hand? Okay. Wenn Sie es jetzt tun, motiviert es Sie nun nicht. Sie können den Kugelschreiber da drüben sehen. Sie können die Hand sehen, wie sie sich ausstreckt und den Kugelschreiber aufhebt. Okay. Machen Sie weiter und tun Sie es. (Der Mann hebt den Kugelschreiber auf.)

Sehen Sie, da fehlte ein Stück. Sie dürfen nie ein Stück auslassen. Er ist ein Mensch, der Instruktionen folgen kann. Wenn ich ihm erzählt hätte, einfach die Bilder zu machen, ist das nicht genug. Das gibt ihm nur irgend etwas zu tun. Es mußte die Aufgabe enthalten sein: „Nur zu, machen Sie es." Der menschliche Körper funktioniert im Verhältnis zur Tätigkeit.

Frau: Da kann ich nicht folgen!

R.B.: Als ich ihm sagte, er solle einfach die Bilder der Tätigkeit machen, sah er den Kugelschreiber, sah er, wie seine Hand sich auf den Kugelschreiber zubewegte, und er sah, wie seine Hand den Kugelschreiber aufhob, aber ich sagte ihm nicht, daß er es machen sollte. D.h. innerhalb der Strategie gibt es eine auditive Komponente, die ihm sagt, wann er beginnen soll. Er wußte, wo er beginnen sollte, aber er wußte nicht, wann. Er konnte einfach damit weitermachen, sich die Bilder zu machen, davon, wie er es tut, aber es gab nichts, was ihm sagte: „Fang jetzt an." Es war nicht, wie wenn er versuchte zu widerstehen oder es wegzustekken. Es ist ein lustiges Gefühl. Er wartete. Es war nicht so, daß er den Kugelschreiber holen wollte und nicht konnte. Seine Hand war in der Luft, bereit loszugehen, wenn ich sagen würden: „Nur zu, tun Sie es."

Diese Übung wird Ihnen Gelegenheit geben, eine Motivationsstrategie herauszuarbeiten und die Exaktheit Ihrer Herausarbeitung zu bestätigen.

Übung: Herausarbeitung einer Motivationsstrategie

Paarweise.

Schritt 1. Person A wählt irgend etwas, das zu tun sie absolut motiviert war. Irgend etwas, was sie tun wollte und was zu tun mühelos und selbstverständlich war. Sie wählt dann irgend etwas anderes, das sie tun wollte, aber wo ihr die Motivation fehlte, und was sie nicht tat, obwohl sie es tun wollte.

Schritt 2. Person B wird, unter Verwendung der Submodalitätsliste, den Unterschied dieser beiden Erlebnisse herausfinden: Motivation und Mangel an Motivation. Achten Sie besonders auf die Reihenfolge; die Strategie hat einen Anfang, eine Mitte und ein Ende.

Schritt 3. Wenn Person B meint, sie hätte genügend Informationen, um die Strategie funktionieren zu lassen, nehmen Sie eine einfache, belanglose Aufgabe, und finden Sie heraus, ob Sie Ihre(n) Partner(in) dazu motivieren können, sie auszuführen.

Schritt 4. Tauschen Sie die Rollen und wiederholen Sie die Schritte 1 bis 3.

Wenn Sie eine Motivationsstrategie herausarbeiten, sollten Sie sicher sein, daß die Person etwas nimmt, zu dem sie wirklich motiviert war. Sie sollte etwas nehmen, bei dem ihr, wenn sie daran denkt, das Wasser im Munde zusammen zu laufen beginnt, und bei dem sie anfängt, vor Begeisterung auf den Boden zu trampeln. Die Strategie, die Sie aus diesem Erlebnis herausarbeiten, wird viel funktionsfähiger sein, als wenn es eine „äh, mhm"-Art von Erlebnis wäre. Der entscheidende Punkt bei der Übung ist, die andere Person dahin zu bringen, irgend etwas Belangloses so zu tun, als ob es die selbstverständlichste Sache von der Welt wäre. Wenn sie nachhelfen muß, wenn es nicht mühelos geht, dann gehen Sie zurück und finden das Stück heraus, das fehlt.

Jetzt, da Sie wissen, wie Sie sich selbst motivieren können, können Sie sich denken, worum es wohl bei der nächsten Herausarbeitung von Submodalitäten gehen wird. Haben Sie jemals irgend etwas wirklich haben wollen; und wenn Sie es dann bekamen, war es „irgendwie okay"? Das ist eine der Situationen, wo die Erwartung eines Ereignisses mehr Spaß machte als das Ereignis selbst. Enttäuschung erfordert angemessene Planung – erfordert Voraussicht. Sie können nicht einfach zufällig enttäuscht sein. Dann gab es andere Zeiten, als Sie mit einem Erlebnis in der Art umgingen, „einfach das Beste aus den Dingen zu machen". Aus mehreren Gründen hat das eine negative Konnotation. Schließlich gab es Zeiten, wo Sie in so einer guten Laune waren, daß Sie, egal was passierte, eine bessere Zeit erlebten, als Sie hätten erleben sollen. Wir haben alle erlebt, daß wir in eine Situation hineingingen und sie in einer Weise beeinflußten, die sie angenehmer und fruchtbarer werden ließ, als irgend jemand hätte voraussehen können. Erinnern Sie sich an so eine Zeit.

Aus irgendeinem Grund gibt es Zeiten, wo Sie angeheitert oder richtig „in Fahrt" sind. Dies sind die Zeitpunkte, wo Sie wissen, was eine gute Zeit ist – nicht nur eine „oh, ich fühle mich gut"-Zeit, und nicht nur eine „okay"-Zeit. Okay ist nicht gut genug. Was machen Sie innerlich, was Sie dazu bringt, so zu sein und Spaß zu haben? Manchmal fühlen Sie, daß Sie einfach nicht dahin gelangen können. Na gut, lassen Sie uns herausfinden, wo das Gaspedal ist und wie man in Fahrt kommt.*

---

* „Let's find out where the throttle is." Throttle heißt sowohl Kehle oder Gurgel als auch Gashebel. (Anm. d. Übers.)

Übung: Die Dinge besser machen als sie hätten sein sollen

In Zweiergruppen mit einem(r) anderen Partner(in), wenn möglich.

Schritt 1. Person A wählt irgendein Erlebnis aus, wo sie „das Beste daraus gemacht hat". Sie wählt dann ein anderes Erlebnis aus, bei dem sie die Dinge besser gemacht hat, als hätte erwartet werden können. Es gibt einen realen Unterschied zwischen dieser Haltung und der, „das Beste daraus zu machen".

Schritt 2. Person B arbeitet die Submodalitäten beider Erlebnisse heraus. Wenn Sie meinen, Sie kennen die Strategie von Person A, die Dinge amüsant und spannend zu gestalten, hören Sie auf.

Schritt 3. Person B soll dann ihre(n) Partner(in) durch die Strategie führen, mit der sie das Erlebnis, das sie jetzt hat, zu einem Erlebnis macht, das amüsant und spannend ist. Zu viele Menschen verbinden das Lernen immer noch mit der Tätigkeit des Sitzens. Dies ist eine Gelegenheit, herauszufinden, ob Sie das gegenwärtige Erleben von jemandem so verändern können, daß es erfreulicher ist.

Schritt 4. Tauschen Sie die Rollen und wiederholen Sie die Schritte 1 bis 3.

Diese Übung wurde entworfen, um Sie zu befähigen, die Submodalitäten einer gegenwärtigen Situation so zu nutzen, daß das fortwährende Erleben einer Person beeinflußt wird. Dies kann die Tätigkeit der Teilnahme an einem Workshop oder einer Arbeitsgruppe amüsanter und lebendiger machen. Etwas Leben in das „Weitermachen" und in einige der anderen ernsteren psychologischen Probleme wie Langeweile und Gewißheit zu bringen, das gibt die neue Richtung vor, womit umzugehen wir zu lernen haben werden.

Langeweile und Gewißheit sind Funktionen von Einschränkungen im Verhalten. Es gibt Zeitpunkte, wo Sie kompetenter oder munterer sein wollen. Wenn Sie weniger zurückhaltend wären und bestimmte Risiken in Kauf nehmen würden, würden Sie mehr als die Person handeln, die

Sie sein möchten. Dies sind Situationen, in denen Ihnen irgendein Gefühl in den Weg gerät, irgendein Gefühl, das Ihre Fähigkeit behindert, so zu handeln, wie Sie wollen. Sie denken daran, ein Risiko einzugehen, und das Gefühl bringt Sie dazu, aufzuhören, aber Sie wissen nicht sicher, ob es ein Risiko ist, wenn Sie es nie auf sich genommen haben.

Richard war vor einigen Jahren in einem Seminar, in dem sie etwas hatten, was Vertrauenskreis genannt wurde. Dies ist eine Übung, bei der die Gruppe einen Kreis um jemand bildet; die Person im Innern des Kreises lehnt sich gegen den Kreis, und jeder reicht sie/ihn weiter herum. Als derjenige zu Richard kam, sprang Richard zurück, und „Peng" fiel der Betreffende auf den Boden. Er sprang auf und schrie Richard an: „Warum hast du das getan?" Richard meinte: „Ohne Risiko gibt es kein Vertrauen."

Die Person, die vertraut und das Risiko auf sich nimmt, ist die Peron außen, die losläßt. Die innen im Kreis spielt das Spiel einfach nach den Regeln. Die Gefahr ist nicht so groß – der Boden ist nicht so weit weg. Wenn Sie herausfinden wollen, wie es ist, ein Risiko einzugehen, verletzen Sie die Regeln. Meistens werden Sie entdecken, daß es keine Sache auf Leben und Tod ist. Wenn Sie nach den Grenzen dessen suchen, was Sie machen können und zu was Sie fähig sind, ist die beste Methode, diese Grenzen zu finden, so zu tun, als ob Sie alles können. Was Sie nicht tun können, werden Sie nicht tun. Es ist ganz einfach. Nur weil Sie etwas fünfmal versuchen und versagen, heißt das noch nicht, daß Sie es nicht schließlich können werden. Wenn Sie sich Gedanken machen, was Sie nicht tun können, ist die beste Methode, es herauszufinden, es einfach zu tun. Was Sie nicht tun können, werden Sie nicht tun. Das ist etwas, dessen Sie sich sicher sein können – es nimmt das Risiko aus allem heraus, sozusagen.

Es ist alles eine Sache Ihres Blickwinkels. Also gehen Sie los und fangen an, bestimmte Dinge zu tun, weil es alles so logisch klingt. Sie gehen nach draußen und treffen auf etwas, was ein Risiko für Sie darstellt, was es auch immer ist. Sie sagen: „Was ich nicht machen kann, werde ich nicht machen, und ich werde es tun." Dann gibt es ein kleines Monster in Ihnen, das sich aufrichtet und eine Handvoll Ihrer Eingeweide ergreift, und Ihr Körper verkrampft sich. Dies ist eine der Arten von Gefühlen, die Menschen in vielen verschiedenen Situationen haben. Es gibt andere Gefühle, die Sie manchmal bekommen, von denen ich weiß, daß Sie sie nicht mögen. Diese Übung wird Sie in die Lage versetzen, Ihre gefühlsmäßige Reaktion auf Situationen zu verändern, die Sie in der Vergangenheit in irgendeiner Weise eingeengt haben.

Übung: Change History mit Submodalitäten

Paarweise. Person A als Klient(in).

Schritt 1. Person A identifiziert irgendein Gefühl, das sie hat, das eine Beschränkung bewirkt; ein Gefühl, das eine Einschränkung ihres Verhaltens und ihrer Flexibilität bewirkt; ein Gefühl, das sie gerne ändern würde.

Schritt 2. Person B soll ihr helfen, drei verschiedene Kontexte zu finden, drei absolut verschiedene Situationen, in denen sie dieses Gefühl hat.

Die Vorgehensweise ist dieselbe wie in „Change History", bei dem Person A an eine Zeit denkt, als sie dieses schlechte Gefühl hatte: das sehend, was sie damals gerade sah, und das hörend, was sie gerade hörte. Person B ankert das Gefühl. Unterbrechung (Separator) und dann hält Person B den Anker aufrecht, während A ihre Erinnerung durchgeht. B beobachtet ihr Gesicht, und wenn er starke Beispiele des Gefühls sieht, weist er sie an, ein Bild der auftretenden Ereignisses zu machen. Der Anker wird A's Gefühle konstant halten, während sie ihre Erinnerungen durchgeht, um Beispiele für Situationen zu finden, in denen es ein vertrautes Gefühl ist. Altersregression ist erlaubt.

Schritt 3. Wenn die Ereignisse einmal identifiziert worden sind, finden Sie heraus, welche Submodalitäten allen gemeinsam sind.

Bis jetzt haben Sie die Submodalitäten von Erlebnissen paarweise verglichen (wie Verwirrung und Verstehen), um herauszufinden, auf welche Weise sie verschieden sind. In dieser Übung werden Sie herausfinden, welche Submodalitäten in diesen Erlebnissen gleich sind. Die kinästhetischen stammen von derselben Gefühlsreaktion, also werden die gemeinsamen Submodalitäten höchstwahrscheinlich visuell und auditiv sein.

Schritt 4. Die Submodalitäten, die alle diese Erlebnisse gemeinsam haben, sind ein intrinsischer Teil der Gefühlsreaktion. Person B wird dann A helfen, diese Submodalitäten in die Submodalitäten zu verwandeln, die A in der letzten Übung entdeckte: DIE DINGE BESSER MACHEN, ALS SIE HÄTTEN SEIN SOLLEN.

Schritt 5. Person A identifiziert einen Kontext, eine Situation, die sich noch nicht ereignet hat, die aber geschehen könnte, die in der Vergangenheit ein einschränkendes Gefühl bewirkt hätte. Lassen Sie sie durch die Situation gehen, wobei alle Submodalitäten verwandelt werden, die dieselben wie in dem alten Gefühl sind, das sie nicht mehr will; sie werden in die Submodalitäten von DIE DINGE BESSER MACHEN verwandelt. Denken Sie an noch ein paar Kontexte, die sich noch nicht ereignet haben, die aber passieren könnten. Finden Sie heraus, was passiert, während Sie diese in Ihrer Vorstellung durchgehen.

Schritt 6. Tauschen Sie die Rollen.

Das folgende Transkript zeigt, wie Richard mit einer Gruppe arbeitet, die gerade diese Übung gemacht hat.

R.B.: Wie ging es euch damit?

J.: Es scheint, als ob die visuelle Komponente der Erinnerung eine Sache ist und der visuelle Input, den ich zu dem Zeitpunkt hatte, eine andere. So als ob ...

R.B.: Das ist richtig.

J.: Jetzt beim Erinnern ... ist es, als ob es bestimmte Aspekte dieser Erfahrung verändert hat. Wie hat das irgend etwas damit zu tun, als ich dieses Erlebnis damals hatte, oder damit, wenn ich in eine ähnliche Situation komme? Ich meine, ich habe diese Erinnerungen aufgebauscht. Darauf kann ich mich beziehen.

R.B.: Wenn Sie zurückgehen und daran denken ... und dieselbe Sache sehen, die Sie zu der Zeit sahen, als sie sich ereignete. Wie fühlen Sie sich dabei?

J.: Ja, es hat funktioniert. Ich habe ein anderes ...

R.B.: Gehen Sie zurück und sehen Sie dieselbe Sache, die Sie sehen würden, wenn es sich jetzt ereignen würde. Okay. Beantwortet das Ihre Frage?

J.: Das sagt mir, daß ich, wenn ich in dieser Situation wäre, nun etwas anders machen würde.

R.B.: Schließen Sie Ihre Augen und konstruieren Sie eine. Denken Sie sich eine neue Situation aus und finden Sie es heraus. Stellen Sie sich eine Situation vor, die, wie Sie mit größter Wahrscheinlichkeit vorhersagen würden, diese unangenehmen Gefühle haben würde. In Ordnung. Und gestalten Sie sie so, daß sie eine neue ist. Machen Sie sie so wirklich, wie Sie in Ihrem Geiste können. Finden Sie heraus, was passiert.

J.: Okay.

R.B.: J e t z t !

Wie steht es mit dem Rest von Ihnen? Gibt es irgendwelche Fragen bevor wir Vollgas geben und so richtig in Fahrt kommen?

L.: Ich war mir sicher, daß ich meiner Partnerin geholfen habe, an dem Erlebnis in der Vergangenheit, das sie sah, Spaß zu haben, aber ich bin mir überhaupt nicht sicher, ob das passiert, wenn sie mit der tatsächlichen Situation wieder konfrontiert wird.

R.B.: Halt, halt! Im nächsten Schritt werden wir uns um die Dauerhaftigkeit kümmern. Die Sache ist die: wenn Sie Ihre Wahrnehmungen einer Erinnerung verändern können, und dann, wenn Sie in die reale Welt hinausgehen, ist die Frage, wie Sie dieselben Dinge dazu bringen, daß sie in Ihnen ein anderes Gefühl bewirken? Die Submodalitäten, die Sie veränderten, haben die Gefühle verändert, so daß es sich eher wie Spaß anfühlt. Sie sehen, der Begriff des

Risikos kann als eine noch nie dagewesene Gelegenheit angesehen werden. Sie wissen, Sie können es Risiko nennen, oder Sie können es RISIKO nennen. Dies sind zwei verschiedene Einstellungen. Der erste Schritt war, es zu irgend etwas Verlockendem zu machen.

Das nächste Kapitel befaßt sich explizit mit der Struktur von Submodalitätsveränderungen und davon, wie man sie in eine Reihenfolge bringt, um sicherzustellen, daß die Veränderungen, die Sie erreichen, von Dauer sein werden.

Tabelle 1
Submodalitätsbeschreibungen in Sprachmustern

Menschen neigen beim Sprechen dazu, Prädikate zu benutzen (Verben, Adverbien und Adjektive), die die Repräsentationssysteme spezifizieren, derer sie sich in ihrer bewußten Aufmerksamkeit bedienen, und die Informationen über die Submodalitätsunterscheidungen liefern, die sie machen. Hören Sie genau auf die Sprache, die die Menschen verwenden, und nehmen Sie sie wörtlich.

Visuell
Die Dinge sprengten den Rahmen.
Mein Job erscheint mir überwältigend.
Das Leben ist so düster, grau und langweilig.
Davon brauche ich etwas Abstand.
Er hat eine bunte Vergangenheit gehabt.
Das läßt das in einem anderen Licht erscheinen.
Das bringt etwas Licht in die Angelegenheit.
Es scheint alles so verschwommen und unklar zu sein.
Es war plötzlich einleuchtend.
Es ist mir blitzartig eingefallen.
Als du das sagtest, sah ich einfach Rot.
Das verleiht dem Tag Glanz. *Oder:* Das bringt Sonne in meinen Tag.
Na gut, wenn du es in diesem Rahmen siehst, ja.
Sie hat ein sonniges, heiteres Gemüt.
Das geht mir einfach sehr nahe.
Mir fehlt die richtige Perspektive.
Das scheint mir zu flach und trivial zu sein.
Ich bin froh, daß wir die Sache aus dem gleichen Blickwinkel betrachten.

Mir ist schwindlig, alles dreht sich um mich herum und ich kann meinen Blick nicht auf eine einzige Sache richten.
Es ist zu vage, um es auch nur in Erwägung zu ziehen.
Das ist weit entfernt, weit weg vom Geschehen.
Das Bild hat sich mir eingeprägt.
Ich sehe mich nicht in der Lage, das zu tun.
Er hat mich auf ein Podest gestellt.
Sie hat ihn auf Normalgröße gestutzt und in die Schranken verwiesen.
Ich gehe in die richtige Richtung.
Ich kann dem nicht ins Gesicht sehen.
Das ist doch „Schwarz weiß"-Denken.
Dies hat höchste Priorität.
Schauen wir uns das Ganze doch mal an.
Es ist zu offensichtlich.
Da ging mir ein Licht auf!

Auditiv

Das schrie förmlich nach dieser Lösung.
Wenn sie redet, habe ich immer Funkstörung.
Es ist nur ein Gerücht.
Wenn du weiter so an mir herumnörgelst, werde ich es tun.
In unserer Beziehung ist zu viel Disharmonie.
Ich kann diesen weinerlichen Teil in mir nicht ausstehen.
Ich habe dich verstanden, es war laut und deutlich.
Wir brauchen eine konzertierte Aktion.
Es war wie ein gellender Aufschrei.
Ich sage mir immer: „Du kannst nicht alles richtig machen".
Mein Job nimmt mich sehr in Anspruch.
Das stimmt mich fröhlich.
Ich mußte mir von ihr zu viel anhören.

Wir haben die gleiche Wellenlänge. *Oder:* Wir stimmen darin überein.
Er ist etwas aus dem Takt gekommen.
Da wird er sich einiges anhören müssen.

Kinästhetisch
Es fühlt sich ekelhaft an.
Er ist heiß. *Oder:* Der ist ja scharf.
Man wird nicht warm mit ihr; sie ist wie ein Eisblock.
Wann immer ich das höre, krampft sich mir der Magen zusammen.
Der Druck ist weg.
Irgend etwas drückt mir auf's Gemüt.
Die ganze Sache lastete mir auf der Seele.
Es ging mir auf den Geist.
Ich bin völlig aus dem Gleichgewicht, wie wenn alles durcheinander wäre.
Ich versuche, eines gegen das andere abzuwägen.
Ja, ich fühle mich der Sache gewachsen.
Ich fühle mich in der Stimmung dazu.
Das ist wie ein Schlag unter die Gürtellinie.
Ich muß die Dinge ins Lot bringen.
Das elektrisiert mich richtig.
Wenn ich mir noch lange so zusetze, gehe ich kaputt.
Das hat so einen gewissen touch.
Er ist etwas schleimig.

Anmerkung:
Dies ist nur eine unvollständige Liste der Submodalitätsbeschreibungen, die in der Alltagssprache benutzt werden. Betrachten Sie sie als einen Anfang, und erweitern Sie sie, wenn Sie sich Ihrer eigenen Sprachmuster bewußt werden, und derer der Menschen, mit denen Sie in Kontakt kommen.

Tabelle 2
Submodalitätsunterscheidungen

Visuell	Einige Fragen, um die Unterscheidung herauszuarbeiten
farbig/schwarz weiß	Ist es farbig oder schwarzweiß? Ist das ganze Farbspektrum vorhanden? Sind die Farben intensiv oder verwaschen bzw. pastellfarben?
Helligkeit	In diesem Kontext, ist es heller oder dunkler als normalerweise?
Kontrast	Hat es viel Kontrast (intensiv, lebendig) oder wenig (blaß)?
Bildschärfe	Ist das Bild scharf oder unscharf?
Oberfläche	Ist die Oberfläche des Bildes glatt oder rauh (glänzend oder matt)?
Komplexität	Gibt es Details im Vorder- und/oder Hintergrund? Sehen Sie die Einzelheiten als einen Teil des Ganzen oder müssen Sie neu fokussieren, um sie zu sehen?
Größe	Wie groß ist das Bild? (Fragen Sie nach einer bestimmten, geschätzen Größe, etwa 25 x 35 cm)

Entfernung	Wie weit ist das Bild weg? (Fragen Sie wieder nach einer bestimmten, geschätzten Entfernung, wie z.b. zwei Meter.)
Form	Welche Form hat das Bild: quadratisch, rechteckig, rund?
Begrenzung/Rahmen	Gibt es eine Grenze, einen Rahmen um das Bild, oder wird es an den Rändern undeutlich? Hat der Rahmen eine Farbe? Wie dick ist der Rahmen?
Position (im Gesichtsfeld)	Welche Position nimmt das Bild im Raum ein? Zeigen Sie mir mit beiden Händen, wo Sie das Bild bzw. die Bilder sehen.
Bewegung innerhalb des Bildes	Ist es ein Film oder ein stillstehendes Bild bzw. ein Standbild? Wie schnell ist die Bewegung: schneller oder langsamer als normalerweise?
des Gesamtbildes	Ist das Bild stabil? In welche Richtung bewegt es sich? Wie schnell bewegt es sich?
Ausrichtung	Ist das Bild geneigt oder gekippt?
assoziiert/dissoziiert	Sehen Sie sich selbst oder sehen Sie die Ereignisse so, als ob Sie dort wären?

Perspektive	Aus welcher Perspektive sehen Sie es? (Wenn dissoziiert:) Sehen Sie sich von rechts oder links, von hinten oder vorne?
Proportionen	Stehen Menschen und Dinge im Bild im richtigen Verhältnis zueinander und zu Ihnen, oder sind einige von ihnen größer oder kleiner als im wirklichen Leben?
Dimensionen	Ist es flach oder dreidimensional? Umschließt das Bild Sie ganz?
Singular/Plural	Gibt es ein Bild oder mehr als eines? Sehen Sie sie eines nach dem anderen oder alle zur selben Zeit?

Auditiv

Position	Hören Sie es von innen oder von außen? Wo kommt das Geräusch (die Stimme) her?
Tonlage (Tonhöhe)	Ist es in einer hohen oder in einer niedrigen Tonlage? Ist die Tonlage höher oder niedriger als normalerweise?
Tonalität	Wie ist die Tonalität: nasal, volltönend und klangvoll, dünn, heiser?

Melodie	Ist es monoton oder gibt es melodische Variationen?
Modulation	Welche Teile sind betont?
Lautstärke	Wie laut ist es?
Geschwindigkeit	Ist es schnell oder langsam?
Rhythmus	Hat es einen festen Rhythmus oder eine Kadenz?
Dauer	Ist es stetig oder intermittierend?
Mono/Stereo	Hören Sie es auf einer Seite, auf beiden Seiten, oder ist der Klang überall um Sie herum?

Kinästhetisch

Qualität	Wie würden Sie die Körperempfindung beschreiben: prickelnd, warm, kalt, entspannt, gespannt, verkrampft, diffus?
Intensität	Wie stark ist die Empfindung?
Position	Wo spüren Sie sie in Ihrem Körper?
Bewegung	Gibt es Bewegung in der Empfindung? Ist die Bewegung kontinuierlich oder kommt sie in Wellen?
Richtung	Wo beginnt die Empfindung? Wie kommt sie vom Ursprungsort zu der Stelle, wo Sie sich ihrer am meisten bewußt sind?

Geschwindigkeit   Ist es ein langsamer, gleichmäßiger Verlauf oder bewegt sie sich mit einem Sprung?
Dauer   Ist sie stetig oder intermittierend?

2 Der Bewegung inhärent

Was wir bis jetzt gemacht haben, war eine kontrastierende Analyse der Submodalitäten zweier Zustände, wie z.B. von Verwirrung und Verstehen. Dann haben wir die Submodalitäten des einen Zustandes in die des anderen umgewandelt, ohne auf die Art der Umwandlung zu achten, oder auf die Reihenfolge der Submodalitäten, die verändert werden. Wie zufällig der Prozeß auch immer war, es traten doch Veränderungen auf. Die Frage ist nun, wie die Submodalitätsveränderungen verwendet werden können, um eine dauerhafte Veränderung zu erreichen?

Gedächtnismuster geben einen Hinweis darauf, wie Verhaltensweisen langfristig aufgebaut werden. Nehmen Sie ein Erlebnis, das wir, während wir uns daran erinnern, als sehr beeindruckend und überwältigend beschreiben würden; und das Bild, mit dem wir uns an dieses überwältigende Erlebnis erinnern, ist sehr groß und sehr nah. Irgendwie haben wir gelernt, uns an dieses Erlebnis mit dieser bestimmten Konfiguration von Submodalitäten zu erinnern. Es gibt andere Submodalitätscharakteristika neben Größe und Entfernung, die zu berücksichtigen sind, aber der Einfachheit halber können wir uns auf diese beiden konzentrieren. Die Intensität des Erlebnisses und die Häufigkeit, mit der wir die Abfolge von inneren Bildern während des Ereignisses durchliefen, waren Faktoren bei der Unterweisung unseres Gehirns, wie das Ereignis wieder ins Gedächtnis zurückzurufen ist.

Betrachten Sie das Erlebnis eines kleinen Mädchens, das von seinem älteren Bruder verfolgt wird, der eine Ringelnatter in der Hand hält und schreit, „Gleich hab' ich dich." Während dieses Erlebnisses ist ihre Aufmerksamkeit auf eine begrenzte Anzahl von Dingen gerichtet: das Gesicht ihres Bruders, die Schlange in seiner Hand, den Klang seiner Stimme und das Gefühl der Schlange auf ihrem Rücken. Sie ist auf diese gräßliche Schlange konzentriert und sieht sie sowohl external als auch vor ihrem geistigen Auge. Die Vorstellung, die Schlange in ihrem Kleid zu fühlen, läßt die Bilder intensiver werden. Die Reihenfolge wechselt schnell zwischen external und internal hin und her, weil sie auch aufpassen muß, wo sie läuft. Da ihre Aufmerksamkeit eingeschränkt ist, dehnt sich das innere Bild aus, und füllt ihr ganzes Gesichtsfeld aus. Das ist ein Prozeß, den sie während ihres wilden Sprints durch den Garten an die hundertmal wiederholt. Dies ist eine Lernerfahrung, und jede Wiederholung verstärkt das Muster, bis jetzt, als Erwachsene, jede Begegnung mit einer Schlange dieses innnere Bild und die damit verbundenen Gefühle reproduziert. Das Gehirn unterscheidet nicht zwischen Gefühlen, die Sie mögen, und Gefühlen, die Sie nicht mögen. Es hat einfach gelernt, bestimmte Gefühle mit bestimmten Erlebnissen zu verbinden.

Die Zusatzinformation „Die Schlange ist harmlos und kann dich nicht verletzen", reicht nicht aus, um die Verbindung von Schlangen und ihren Gefühlen aufzubrechen. Größe und Entfernung waren im ursprünglichen Erlebnis wichtig; und jedes Mal, wenn sie eine Schlange sieht, gibt es ein inneres Bild, das größer wird und näher kommt. Der Prozeß kann zu Gefühlen führen, die so intensiv sind, daß die zutreffende Erinnerung an das Ereigniss verloren geht.

Sie werden sich erinnern, daß die Person in der Phobie-Technik sich selbst sieht, wie sie das Ereignis durchläuft. Der Wechsel des Standpunktes, wodurch sie sich selbst sieht, verhindert die Verengung der Aufmerksamkeit (die Schlange wird größer und kommt näher) und befähigt sie dazu, eine weitreichende Perspektive aufrecht zu erhalten. Diese Art der Neustrukturierung eines ganzen Ereignisses liefert gelegentlich Menschen Informationen, die dem Bewußtsein vorher nicht zugänglich waren.

Ein Vietnam-Veteran hatte eine immer wiederkehrende Erinnerung, in der er den Körper eines toten Kindes in einem Reisfeld liegen sieht und weiß, daß er es getötet hat. Als er das Ereignis in dissoziierten Bildern durchging, wobei er sich selbst zu dieser anderen Zeit und an diesem anderen Ort sah, war er in der Lage, seine Einheit zu beobachten, wie sie in das Dorf eindrang; dann sah er vier Gestalten aus einer Hütte und über das Reisfeld rennen, er sah sich selbst das Feuer eröffnen, dann beobachtete er sich, wie er zu der Stelle ging, wo die Körper lagen und wie er einen herumdrehte. Es war der Körper des Kindes; aber mit Hilfe einer neuen Perspektive in bezug auf das Ereignis erkannte er, daß er in dem Moment, als er feuerte, nicht wußte, daß es ein Kind war. In assoziiertem Zustand, als das Bild des toten Kindes sein ganzes Blickfeld ausfüllte, waren seine Gefühle so intensiv, daß das Ereignis an sich aus seinem Gedächtnis gestrichen war.

Die Submodalitätsunterscheidungen, die hier und im Fall des Mädchens mit der Schlange getroffen wurden, sind analoge Unterscheidungen. Bevor wir die Möglichkeiten untersuchen, diese Unterscheidungen zum Aufbau einer dauerhaften Veränderung zu verwenden, ist es notwendig, den Unterschied zwischen analogen und digitalen Submodalitätsunterscheidungen zu verstehen. Analoge Unterscheidungen können entlang eines Kontinuums langsam oder schnell verändert werden. Z.B. kann das Bild der Schlange in *einem* fließenden Übergang größer oder kleiner gemacht werden. Digitale Unterscheidungen sind diejenigen, die sich gegenseitig ausschließen: Wenn Sie eine Ausprägung erleben, können Sie nicht die andere zur gleichen Zeit erleben. Assoziation und Dissoziation gehören zu den digitalen Unterscheidungen. Entweder sehen Sie sich selbst in einer Erinnerung, oder sie erinnern sich an das Ereignis, indem Sie sehen, was Sie zu der Zeit gerade sahen. Sie können sehr schnell hin und her wechseln, aber nicht beides gleichzeitig erleben. Als Analogie kann die Veränderung des Lichts dienen. Digitale Unterscheidungen sind wie ein Wechsel zwischen An und Aus – das Licht ist entweder an oder aus. Analoge Unterscheidungen sind wie ein Dimmer (Regelwiderstand) – das Licht geht mit einer glatten und kontinuierlichen Steigerung an, in der Geschwindigkeit, mit der Sie den Knopf drehen.

Achten Sie, während Sie mit Menschen arbeiten, besonders auf die kritischen Submodalitäten, auf diejenigen, die andere Submodalitäten sowohl innerhalb desselben Systems als auch in anderen Systemen beeinflussen. Bei einigen Menschen wird die Entfernung sowohl die Größe als auch Helligkeit und Farbe beeinflussen. Wenn sie ein Bild weiter wegbewegen, wird es auch kleiner, dunkler und weniger farbig. Es kann sie auch von einem assoziierten Zustand in einen dissoziierten bringen. Wenn sie fortfahren, das Bild weiter wegzubewegen, springen sie an irgendeinem Punkt plötzlich aus dem Bild und werden dissoziiert. Die Entfernung kann auch die Lautstärke und die Tonalität im auditiven System beeinflussen. Selbst kleine zusätzliche Veränderungen in einer kritischen Submodalität können eine große Wirkung auf unser Erleben haben, weil sich dabei so viele andere Dinge mitverändern.

Die nächste Übung ist eine Verkettungsabfolge, in der Anker benutzt werden, um die Submodalitäten in Bewegung zu bringen. Denken Sie z.B. an ein erfreuliches Erlebnis. Fangen Sie dann an, das Bild heller zu machen, und machen Sie es fortwährend langsam heller, bis Sie die optimale Helligkeit gefunden haben, d.h. den Grad an Helligkeit, der sich am angenehmsten anfühlt. In dem Moment ankern Sie die Erinnerung. Im Prozeß, die optimale Helligkeit zu bestimmen, gehen Sie womöglich zu weit, und die Erinnerung könnte sich anders anfühlen. Halten Sie an und machen Sie es wieder dunkler, bis Sie die Helligkeitsstufe finden, die am angenehmsten ist. Ein interessantes Gebiet für Spekulationen ist, wie wir Erinnerungen kodieren und ob erfreuliche Erinnerungen anders kodiert sind als unerfreuliche. Denken Sie nun nochmal so wie vorhin an die erfreuliche Erinnerung, betätigen Sie den Anker und achten Sie darauf, was mit dem Bild passiert. Wird es heller? Was passiert mit Ihren Gefühlen während der Zeit des Hellerwerdens?

Übung: Verkettung von Ankern (anchor chaining), durch Submodalitäten verbessert

Paarweise.

Schritt 1. A identifiziert ein Gefühl, das ihn davon abhält, sich auf ein Verhalten einzulassen, welches ihm Spaß machen würde, aber seiner Meinung nach ein bißchen unerhört ist. Was das auch immer sein würde, er denkt nur, daß es unerhört sein würde, weil er es nie ausprobiert hat. Wenn er sich vorstellt, es zu tun, erscheint es unerhört. Es ist eine Sache, von der er sich einiges Vergnügen verspricht, bei der er aber zu sich selbst sagt: „Ich könnte das nie tun."

Schritt 2. Finden Sie mindestens zwei analoge Unterscheidungen (kritische Submodalitäten), die gleichzeitig variieren, um das Gefühl abzuschwächen, das ihn davon abhält, sich auf das Verhalten einzulassen, das er als „unerhört" identifiziert hat.

Die Submodalitäten werden nicht dazu benutzt, das Gefühl zu verändern, sondern nur dazu, es abzuschwächen.

Schritt 3. Person B läßt A das Gefühl abschwächen und ankert das Gefühl in seinem verminderten Zustand. Das ist Anker Nr. 1.

Sie werden in dieser Übung drei Anker verwenden. Eine Möglichkeit, das ganz einfach zu machen, ist die Verwendung der Fingerknöchel an einer Hand der Person, mit der Sie arbeiten. Diese Anker können jeweils getrennt und voneinander unabhängig sein, und sie sind für die Verkettung leicht verfügbar.

Schritt 4. A identifiziert dann eine Ressource, die er brauchen würde, um sich auf das unerhörte Verhalten einzulassen. Das bedeutet nicht, daß er lostürmen und anfangen wird, sich unerhört zu verhalten. In dieser Übung geht es darum, Möglichkeiten zu schaffen. Das Verhalten wird attraktiver erscheinen und vielleicht sogar zu einer möglichen Alternative für passende Gelegenheiten werden.

Schritt 5. A erinnert sich an eine Zeit, als er Zugang zu dieser Ressource hatte: sehend, was er in dem Moment gerade sah, und hörend, was er hörte. B ankert den Ressource-Zustand. Das ist Anker Nr. 2.

Schritt 6. Finden Sie die kritischen Submodalitäten, die die Gefühle des Ressource-Zustandes intensivieren. Lassen Sie A diese Gefühle intensivieren und ankern Sie sie mit Anker Nr. 3.

Schritt 7. Testen Sie die Anker und kalibrieren Sie sich auf die äußeren Manifestationen der inneren Zustände. Stellen Sie sicher, daß jeder Anker jeweils einzeln und von den anderen unabhängig ist und daß die Gefühle stark sind. Wenn es irgendwelche Probleme gibt, überprüfen Sie das mit Person A, und gehen, falls nötig, zurück und setzen ein oder mehrere Anker nochmal.

Schritt 8. Um die Kette zu etablieren, betätigen Sie Anker Nr. 1; genau bevor der interne Zustand den Höhepunkt erreicht, betätigen Sie Anker Nr. 2 und lockern Anker Nr. 1. Machen Sie einen Test, indem Sie wieder Anker Nr. 1 betätigen. Achten Sie darauf, ob es einen Übergang zum Ressource-Zustand von Anker Nr. 2 gibt. Wenn nicht, überprüfen Sie Ihre Arbeit an dieser Stelle, und wiederholen Sie, was auch immer nötig ist, um diesen Übergang zu machen. Wenn es einen glatten und leichten Übergang gibt, wiederholen Sie den Prozeß mit Anker Nr. 2 und Nr. 3. Machen Sie einen Test, indem Sie Anker Nr. 1 betätigen. Stellen Sie sicher, Anker Nr. 1 zu lockern, bevor der interne Zustand, den Sie geankert haben, den Höhepunkt erreicht.

Schritt 9. Wenn B überzeugt ist, daß die Kette vollständig ist, bitten Sie A, an das einschränkende Gefühl zu denken. Genau bevor das Gefühl seinen Höhepunkt erreicht, betätigen Sie Anker Nr. 1. Die Kette sollte automatisch folgen. Machen Sie einen Test, indem Sie A noch einmal an das einschränkende Gefühl denken lassen. Dies sollte ihn die Kette durchlaufen lassen.

Schritt 10. Machen Sie ein Future Pace, indem Sie A eine Situation identifizieren lassen, die sich noch nicht ereignet hat, die sich aber ereignen könnte, und die in der Vergangenheit zu dem einschränkenden Gefühl geführt hätte. Lassen Sie ihn in seiner Vorstellung dieses Erlebnis durchlaufen und darauf achten, in welcher Weise es anders ist als das, was er vorhergesagt hätte. Das Future Pace wird dazu beitragen, die Kette zu generalisieren.

Schritt 11. Tauschen Sie die Rollen und wiederholen Sie die Schritte 1 – 10.

Hier wurden Submodalitäten dazu verwendet, ein Gefühl in seiner Intensität abzuschwächen, das das Verhalten einer Person einschränkte oder hemmte. Dieses Gefühl, in seinem abgeschwächtem Zustand, wurde durch ein mit einem Ressource-Zustand verbundenes Gefühl ersetzt. Das Gefühl des Ressource-Zustandes wurde dann intensiviert. Wenn die Person in Zukunft in Situationen kommt, die früher das sie hemmende Gefühl hervorgerufen haben, wird dieses Gefühl die Kette in Gang setzen, den Übergang zu dem intensivierten Ressource-Gefühl. Es ist die Entwicklung einer Möglichkeit, die das Auftreten einer generalisierenden Wirkung erlaubt, so daß die Veränderung nicht auf ein Ereignis oder einen Kontext begrenzt ist, sondern sich über eine Reihe von Verhaltensweisen ausbreitet.

Das SWISH-MUSTER ist eine Form, die dasselbe wie die Verkettung leistet, jedoch mit größerer Präzision und Ökonomie. Im folgenden wird von Richard ein Standard-Swish-Muster demonstriert. Diese Form wird in der Mehrzahl der Fälle funktionieren und hier als Modell vorgestellt. Sie werden bemerken, daß Richard das Muster so etabliert, daß sich drei Dinge gleichzeitig ändern: Größe, Helligkeit und der Übergang von assoziiert zu dissoziiert. Die simultane Veränderung dieser drei Parameter schafft eine stabile und dauerhafte Konfiguration.

> R.B.: Denken Sie an irgend etwas, was Sie verändern möchten. Irgend etwas, wo Sie ein Gefühl haben, irgend etwas, was Sie sehen oder hören und Sie bekommen das Gefühl, daß Sie sich in einer Weise verhalten müssen, die Sie nicht mögen. Sie würden nicht in der Art und Weise handeln, wie Sie es getan haben, wenn Sie nicht das Gefühl hätten,

das Sie haben. Wenn Sie beispielsweise manchen Menschen Schokoladenkuchen zeigen, fühlen diese sich, als hätten sie keine Kontrolle. Wenn sie sich nicht so fühlen würden, als hätten sie keine Kontrolle, würden sie nicht mehr Schokoladenkuchen essen, als sie mögen. Es kommt nicht darauf an, ob es gute oder schlechte Gefühle sind; es geht einfach darum, daß die Person sie nicht haben mag. Dies trifft besonders dann zu, wenn die Gefühle sie dazu zwingen, in einer Weise zu handeln, die sie nicht mag, in einer Weise, die nicht zu ihrem konsistenten Bild ihrer selbst als erwachsenen Menschen paßt. Nun, haben Sie irgend etwas Ähnliches?

A.: Ja.

R.B.: Schließen Sie Ihre Augen und sehen Sie, was Sie sehen würden, wenn Sie tatsächlich in der Situation wären. Gibt Ihnen das dieses Gefühl?

A.: Ja, es fühlt sich .... ohhh.

R.B.: Also funktioniert es. Auf diese Weise weiß ich, daß es sich nicht um eine überwältigende Phobie handelt. Sie haben nicht geschrien und sind auch nicht vom Stuhl gefallen. Machen Sie jetzt ein helles, quadratisches Bild davon, was Sie sehen würden, wenn Sie dort wären. Legen Sie einen Rahmen darum. Machen Sie es richtig hell und achten Sie darauf, ob es, während Sie es heller machen, intensiver wird.

(A. nickt.)

R.B.: So sitzt sie hier und fühlt sich entsetzlich. Dies ist eine Demonstration, daß Sie die Menschen dazu bringen können, alles zu machen. Das reicht im Moment. Kommen Sie zurück. So ist es richtig. Geradewegs hierher kommen. Jetzt möchte ich, daß Sie sich ein Bild machen, in dem Sie sich selbst sehen, als ob Sie diese Veränderung schon gemacht hätten. Wenn Sie sich selbst sehen, wie Sie diese Veränderung schon gemacht haben, wie fühlt sich das an? Mögen Sie es nun lieber?

A.: Ja.

R.B.: Sie mögen es lieber? Sind Sie sich sicher?

A.: Absolut.

R.B.: Es muß nicht perfekt sein. Die Frage ist, mögen Sie es lieber? Gehen Sie zurück, und betrachten Sie sich nochmal auf diese Weise. Okay. Hätten Sie das lieber? Okay. Jetzt möchte ich, daß Sie genau zuhören. Machen Sie Ihre Augen auf. Ich werde Ihnen Anweisungen geben, und ich möchte nicht, daß Sie das schon machen, während ich Ihnen Anweisungen gebe. Im ersten Bild sahen Sie, was Sie in dem Moment sahen, als das Ereignis stattfand. Im zweiten Bild sahen Sie sich selbst, wie Sie sich in einer anderen Weise verhielten, in einer Weise, die Sie mochten. Lassen Sie es mich wiederholen. Im ersten Bild sehen Sie es, als ob Sie tatsächlich in dem Erlebnis wären. Die Gefühle, die Sie nicht mögen, hängen fest mit diesem Bild zusammen. Im zweiten Bild sehen Sie sich selbst, wie Sie sich in der Weise verhalten, wie Sie es wollen. Die Gefühle, die Sie mögen, hängen fest mit diesem Bild zusammen. Lassen Sie dieses Bild zusammenschrumpfen, bis es nur noch ein kleines, winziges, dunkles Bild ist. Dann nehmen Sie das erste Bild, das mit dem Rahmen darum herum, das, was Sie dazu bringt, sich schlecht zu fühlen, und plazieren das kleine, winzige, dunkle Bild, das, welches Sie mögen, unten in die Ecke. Machen Sie das große richtig hell und das kleine, winzige in der Ecke dunkel. Dann möchte ich, daß Sie einfach das große langsam dunkler werden lassen, während dieses kleine hier unten größer und heller wird, bis es das andere vollständig bedeckt. Das erste Bild ist so dunkel, daß es verschwindet, und Sie sehen nur das zweite Bild. Dann hören Sie auf, Bilder zu machen und öffnen Ihre Augen: als eine Möglichkeit, den inneren Bildschirm zu leeren. Beginnen Sie wiederum beim Anfang mit dem Bild, mit dem die schlechten Gefühle zusammenhingen. Dieses Bild wird dunkler, während das kleine in der Ecke groß und hell wird und das erste Bild vollständig bedeckt. Ich möchte, daß Sie das fünfmal machen ... schnell.

A.: Ich bin nicht sicher ...

R.B.: Sie sehen sich selbst in dem kleinen, dunklen Bild in der Ecke, wie Sie so sind, wie Sie sein wollen, und Sie sehen, was Sie sehen würden, in dem großen, hellen Bild, das Sie dazu bringt, sich schlecht zu fühlen. Das helle wird dunkler. Das kleine wird größer und heller. Machen Sie das fünfmal.

A.: Okay.
R.B.: Eins. Genau, so machen Sie es richtig. Machen Sie es nochmal, schnell. Zwei. Nochmal. Drei. Und wiederum. Fünf. Einfach, stimmt's? Nun, als Sie sich hierher setzten, schauten Sie sich ein Bild an – Sie sahen etwas, was Sie dazu brachte, sich schlecht zu fühlen. Schauen Sie es jetzt an. Welche Gefühle bringt es?
A.: Ich fühle jetzt nicht viel dabei.
R.B.: Sie fühlen jetzt nicht viel. Gut, schauen Sie es nochmal an.
A.: Ich bin nicht sicher, ob ich ... Ich kann nicht. Es ist einfach nicht da.
R.B.: Gut, ich glaube Ihnen. Sie können an einen anderen Zeitpunkt denken, als irgend etwas passierte, wo Sie dieses Gefühl hatten. Sie müssen es mehr als einmal gehabt haben, wenn es Sie belastete.
A.: Ja.
R.B.: Schauen Sie sich das an ... und wenn Sie es sehen, welche Gefühle bringt es?
A.: Ich fühle mich okay.
R.B.: Dies ist etwas, was sich in der äußeren Welt wieder ereignen wird. Schließen Sie Ihre Augen und sehen Sie, was Sie sehen würden, wenn es wieder passieren würde. Finden Sie heraus, was passiert. Wuuusch.
A.: Das ist genau, was passierte. Das Bild, das ich anschaute, verblaßte, und ich sah mich selbst, wie ich mich in der Weise verhielt, die ich mag.
R.B.: Das Schöne daran ist, daß, wenn Sie dem in der äußeren Welt begegnen, das externe Bild nicht weg geht; was jedoch passiert, ist, daß es Sie dazu bringt, sich so zu fühlen wie beim zweiten Bild.

Es ist eine geistige Anstrengung, das Swish-Muster durchzuführen, aber wenn Sie es erst einmal gemacht haben, haben Sie Ihr Gehirn programmiert. Wenn Sie zu dem Bild zurückgehen, das Sie dazu brachte, sich schlecht zu fühlen, gibt es eine Kraft, die Sie buchstäblich in eine andere Richtung zieht. Deshalb ist die Geschwindigkeit wichtig, mit der Sie den Wechsel machen. Wenn Sie den Prozeß einmal begonnen haben, erlauben Sie der alten Konfiguration nicht, sich zu stabilisieren, sondern halten sie in Bewegung. Das alte Gefühl fängt mit dem ersten Bild an, und wird, während das Bild verblaßt, simultan schwächer; und das Ressource-Bild und die damit verbundenen Gefühle werden intensiver und ersetzen das erste vollständig. Es ist die simultane Verwendung der analogen Unterscheidungen Größe und Helligkeit, verbunden mit der digitalen Unterscheidung assoziiert/dissoziiert, die eine neue, stabile Konfiguration bewirkt. Das ist das, was wir in der letzten Übung mit der Ankerverkettung gemacht haben. Das Swish-Muster ist leichter, schneller und viel direkter. Letztendlich ist es die Wiederholung, die das Muster etabliert und es zu etwas Automatischem macht. Wenn ein Ereignis das alte Gefühl stimuliert, übernimmt das neue Muster die Leitung und Wuuusch ... fühlt sich die Person anders und kann in einer anderen Weise reagieren.

Einer der wesentlichen Bestandteile im Swish-Muster ist, daß die Person sich selbst sieht, wie sie sich in der Weise verhält, in der sie sich im Kontext eines erinnerten Ereignisses verhalten möchte. Bedenken Sie für einen Moment die verschiedenen Auswirkungen eines erinnerten Ereignisses, wenn Sie assoziiert sind und wenn Sie dissoziiert sind. In diesem Fall hier ist das Bild, mit dem die schlechten, unerwünschten Gefühle fest zusammenhängen, das, im erinnerten Ereignis assoziiert zu sein. Das Swish-Muster schwächt diese Gefühle ab, indem es das erste Bild dunkler macht. Sollte sich die Person in das zweite Bild assoziieren, würde sie zu den unerwünschten Gefühlen wieder Zugang bekommen. Indem das zweite Bild dissoziiert gehalten wird, kann sie durch das Ereignis gehen und sich dabei nur die Gefühle des Ressource-Zustandes zugänglich machen.

Dissoziiert davon zu sein, wie Sie sein wollen, versetzt Sie zusätzlich in bezug auf die Veränderung in die Metaposition. Es fühlt sich nicht nur gut an, sich selbst zu sehen, wie man den Wechsel gemacht hat, sondern Sie können sich auch gut in bezug darauf fühlen, sich gut zu fühlen. Es ist diese Metaposition, die dem Bild, das zeigt, wie Sie sich verhalten wollen, die drängende Komponente gibt; und diese Metaposition bestimmt die Richtung für eine ganze neue Reihe von Verhaltensweisen, die zu erfüllen sie Sie bewegen wird.

Ein kritisches Element bei der effektiven Verwendung des Swish-Musters ist die Struktur des Übergangs zu den Gefühlen des Ressource-Zustandes. Im Standardmodell, das Richard demonstrierte, wird Helligkeit verwendet, um die unerwünschten Gefühle abzuschwächen und gleichzeitig die erwünschten Gefühle zu intensivieren. Gleichzeitig damit, daß das assoziierte Bild dunkler gemacht wird (was die Gefühle abschwächt), wird das dissoziierte Bild heller gemacht (was die Gefühle intensiviert). Die Übergangsstruktur muß auf diese Weise funktionieren.

Eine Frau, die ein unangenehmes Erlebnis in einer dunklen Allee hatte, intensivierte die Gefühle des Ressource-Zustandes, als sie das dissoziierte Bild heller machte. Die schlechten Gefühle wurden jedoch intensiviert, als sie das assoziierte Bild dunkler machte; die Allee wurde dunkler und furchterregender. In diesem Fall wird die Helligkeit nicht den erwünschten Übergang bewirken. Die Entfernung lieferte dann einen Mechanismus, um die unerwünschten Gefühle abzuschwächen und gleichzeitig die erwünschten Gefühle zu intensivieren. Das erste, assoziierte Bild bewegte sich fort in die Ferne (was die Gefühle abschwächte) und das zweite Bild kam gleichzeitig näher (was die Gefühle intensivierte). Das erste Bild verschwand in der Ferne, während das zweite Bild näher kam und größer wurde, bis es ihren Rahmen ausfüllte.

Da Sie in der nächsten Übung das Swish-Muster nutzen werden, überprüfen Sie zur Sicherheit, ob die analogen Submodalitäten auf beiden Seiten der Gleichung in derselben Weise funktionieren. Mit anderen Worten: werden, während Sie die Helligkeit verstärken, sowohl die Gefühle des assoziierten als auch die des dissoziierten Bildes intensiviert.

Übung: Das Swish-Muster

Zu dritt. Person C dient als Ressource für A und B.

Schritt 1. Person A identifiziert irgend etwas, was sie ändern möchte. Wenn irgendein bestimmtes Ereignis stattfindet, bekommt sie ein Gefühl, das sie dazu bringt, sich in einer Weise zu verhalten, die sie nicht mag.

Schritt 2. A schließt ihre Augen und sieht, was sie sehen würde, wenn sie dort in dem Ereignis wäre. Achten Sie darauf, ob dies das Gefühl erzeugt. Wenn nicht, nehmen Sie etwas anderes. Wenn es das Gefühl erzeugt, unterbrechen Sie das Muster, um es A zu ermöglichen, ihren inneren Bildschirm zu leeren.

Schritt 3. B instruiert A, ein großes, helles, quadratisches Bild von dem zu machen, was sie sehen würde, wenn sie dort wäre. Stellen Sie sicher, daß A einen Rahmen um das Bild hat. B instruiert dann A, das Bild heller zu machen, und achtet darauf, während sie das Bild heller macht, ob ihre Gefühle intensiver werden. Wenn nicht, überprüfen Sie das zusammen mit A und erkunden Sie andere Submodalitäten, um einen geeigneten Mechanismus zu finden. Wenn sie intensiver werden, unterbrechen Sie das Muster, um diese unangenehmen Gefühle loszuwerden.

Schritt 4. B instruiert A, ein Bild zu machen, in dem sie sich selbst so sieht, als ob sie die Veränderung schon gemacht hätte. Fragen Sie A danach, ob sie die von diesem Bild hervorgerufenen Gefühle mag oder nicht. B und C kalibrieren sich auf A's Reaktion.

Schritt 5. A wird, mit geöffneten Augen, von B instruiert, in welcher Art der Übergang gemacht werden soll. „Im ersten Bild sahen Sie das, was Sie in dem Moment sahen, als das Ereignis stattfand. Im zweiten Bild sahen Sie sich selbst, wie Sie sich in einer

Weise verhielten, die anders war, in einer Weise, die Sie mochten. Lassen Sie das Bild, in dem Sie sich selbst sehen, wie Sie sich in einer Weise verhalten, die Sie mögen, zusammenschrumpfen, bis es ein kleines, dunkles Bild ist. Nehmen Sie dann das erste Bild, das mit dem Rahmen darum herum, und setzen Sie das kleine in die Ecke. Das große Bild ist hell und das kleine ist dunkel. Dann lassen Sie das große Bild langsam anfangen, dunkel zu werden, während das kleine groß und hell wird, größer und heller, bis es das andere Bild vollständig bedeckt. Das erste Bild ist so dunkel, daß es verschwindet, und Sie sehen nur noch das zweite. Hören Sie dann auf, Bilder zu machen und öffnen Sie Ihre Augen, als eine Möglichkeit, Ihren inneren Bildschirm zu leeren. Machen Sie das einmal."

Schritt 6. Machen Sie einen Test, um sicher zu sein, daß A die Instruktion verstanden hat und sie ausführen konnte.

Schritt 7. B und C beobachten genau, während A den Swish fünfmal schnell wiederholt; für den Übergang sollte sie nicht länger brauchen, als es dauert, „Wuuusch" zu sagen. B und C beobachten, kalibrieren sich auf A's Reaktionen, um zu sehen, ob sie die Intensität des Ressource-Zustandes erreicht, die sie in Schritt 4 erreicht hat.

Schritt 8. Musterunterbrechung (Seperator). Dann machen Sie einen Test, indem Sie A das Bild anschauen lassen, das die Gefühle erzeugte, die sie hatte, als sie zum erstenmal die angestrebte Veränderung identifizierte.

Schritt 9. Machen Sie ein Future Pace, indem Sie A bitten, ihre Augen zu schließen und zu sehen, was sie sehen würde, wenn dies wieder passieren würde.

Schritt 10. Tauschen Sie die Rollen und wiederholen Sie das, so daß jeder und jede von Ihnen die Gelegenheit hat, jede Rolle auszuüben.

Submodalitäten wurden hier dazu benutzt, Verhalten dadurch zu verändern, daß die mit Erinnerungen verbundenen Gefühle verändert werden. Sie können auch dazu verwendet werden, Ihr gegenwärtiges Erleben zu verändern. Es gibt viele Gelegenheiten, wo wir Spaß haben, zumindest annähernd, aber das Leben wäre viel erfreulicher, wenn wir dieses Gefühl von Spaß aufpumpen und dabei stärker machen könnten. Etwas Ähnliches haben Sie in Kapitel 1 bei einer Übung gemacht, die wir „Die Dinge besser machen als sie hätten sein sollen" genannt haben. Das war ein Beispiel, in dem Sie einfach eine Reihe von Submodalitäten durch eine andere ersetzt haben. Diese Übung nutzt einen ähnlichen Mechanismus wie das Swish-Muster. Sie arbeitet auch nach demselben Prinzip wie beim Anker-Stapeln (stacking anchors), so daß jede Wiederholung intensiver ist.

Übung: Verwendung von Submodalitäten, um den gegenwärtigen Zustand zu verändern.

Jeder und jede für sich.

Schritt 1. Schließen Sie Ihre Augen und sehen Sie innerlich, was Sie sahen, als sie offen waren. Dies schafft eine Erinnerung dafür, wo Sie jetzt sind. Sie müssen den Prozeß vielleicht mehrmals wiederholen, die Augen zu öffnen und zu schließen, bis Sie ein Bild der gegenwärtigen Situation haben.

Schritt 2. Setzen Sie ein sehr kleines Bild ins Zentrum dieses Bildes. Ein kleines Bild, in dem Sie sich selbst sehen, genau da, wo Sie sitzen, wie Sie sehr viel mehr Spaß haben.

Schritt 3. Dann, Wuuusch, machen Sie das kleine Bild von der Mitte her auf. Dies ist wie einige der Special Effects beim Fernsehen, wo ein neues Bild aus dem Zentrum erwächst und vollständig an die Stelle des ersten tritt.

Schritt 4. Treten Sie in das Bild, so daß Sie sehen, was Sie sehen würden, wenn Sie tatsächlich dort wären.

Schritt 5. Sobald Sie in das Bild treten, erwächst ein anderes kleines Bild aus der Mitte, in dem Sie sich selbst dort sitzend sehen, wie Sie sogar noch mehr Spaß haben. Wiederholen Sie es zehnmal, sehr schnell.

Es ist nicht so schwer, Spaß zu haben. Mit demselben Prozeß können Sie jeden Ressource-Zustand intensivieren. Stellen

Sie sich einfach vor, Sie müssen sich nie wieder langweilen: Pumpen Sie einfach die Neugier auf. Sie könnten sogar neugierig werden, was anders wäre, wenn es bei jedem Bild, das aus dem Zentrum erwächst, eine Veränderung des Blickwinkels gäbe. Intensiviert eine Veränderung des Blickwinkels den Ressource-Zustand mehr oder weniger als die Verwendung desselben Blickwinkels?

Bisher haben wir uns mit speziellen Ereignissen beschäftigt, mit Erinnerungen an Erlebnisse, die wir gehabt haben, und mit Gefühlen, die mit diesen Erinnerungen verbunden sind. Vieles in unserem Verhalten stammt jedoch von unseren Glaubenssätzen über uns selbst und über die Welt, in der wir leben. Wir denken nicht viel über sie nach oder stellen sie als Regeln in Frage, aber sie wirken als Leitprinzipien. Das, was wir glauben, gibt unserem Leben eine Stabilität und einen Sinn für Kontinuität. Glaubenssätze sind für uns als Menschen so wichtig, daß wir bereit sind, für sie in den Krieg zu ziehen. Genaugenommen dient vieles in unserem Verhalten dazu, unsere Glaubenssätze aufrechtzuerhalten oder zu bestärken.

Unabhängig davon, wie wichtig sie sind, haben wir alle an Glaubenssätzen festgehalten, die wir nicht länger glauben. Menschen treten zu einer anderen Religion über, wechseln die Mitgliedschaft in einer politischen Partei, heiraten und lassen sich scheiden, und das alles wegen der Veränderung von Glaubenssätzen. Es geht nicht darum, Glaubenssätze abzuwerten, sondern darum, sie einfach mit weniger Rigidität zu betrachten. Glaubenssätze können sich nicht nur verändern und tun das auch; es gibt auch eine Struktur in dem, was wir glauben, eine Struktur in der Art und Weise, in der wir glauben, was wir tun.

Nehmen Sie sich jetzt ein paar Minuten Zeit, um einen Glauben zu identifizieren, den Sie über sich selbst haben, und der Ihrem Verhalten irgendeine Beschränkung auferlegt, die Sie davon abhält, neue Dinge auszuprobieren, die

Sie für amüsant, aufregend oder eine Herausforderung halten. Sie können ihn sich als einen Glauben vorstellen, der verhindert, daß das Leben vergnüglicher wäre. Es gibt eine Menge Glaubenssätze, die es wert sind, sie zu haben, deshalb wählen Sie sorgfältig, was Sie von den Dingen, die Sie über sich selbst glauben, verändern möchten. Wenn Sie einen Glaubenssatz identifizieren, der Sie selbst betrifft und den Sie verändern möchten, wird das folgende Transkript, in dem Richard mit Glaubenssätzen arbeitet, bedeutungsvoller für Sie werden.

R.B.: Haben Sie einen Glaubenssatz über sich selbst, der in diese Kategorie paßt?

E.: Einen einengenden Glaubenssatz?

R.B.: Ich meine, Sie haben einen Glaubenssatz; und wenn er nicht wahr wäre, gibt es etwas, was Sie lieber glauben würden als das, aber das tun Sie nicht. Haben Sie so einen? Okay. Wie wissen Sie, daß Sie ihn haben? Ich meine, Sie haben mehr als einen Glaubenssatz; also müssen Sie in der Lage sein, sie auseinander zu halten.

E.: Beschränken...

R.B.: Aber wie wissen Sie, welchen Glaubenssatz?

E.: Ich sehe ein Bild davon, ähmm ...

R.B.: Erzählen Sie uns nicht, was darin ist. Wir wollen hier nichts von Ihrem Inhalt wissen. Wenn man anfängt, Menschen inhaltlich etwas zu erzählen, kommen sie durcheinander. Ich möchte jetzt, daß Sie damit aufhören und an irgend etwas denken, das so oder so sein könnte. Sie könnten z.B. heute abend zu Hause essen, oder sie könnten in ein Restaurant gehen – das bleibt sich gleich. Es könnte so oder so sein. Haben Sie irgend etwas Ähnliches? Okay. Wie unterscheiden sich die beiden Glaubenssätze? Ist z.B. der eine in einer anderen Position als der andere?

E.: Ja. Der Glaubenssatz, den ich nicht mag, ist da drüben links, und der andere ist gerade vor mir und höher.

R.B.: Ist einer vielleicht mit Ton?

E.: Ja, der Glaubenssatz ist mit Ton.
R.B.: Gut. Gibt es irgendeinen anderen Unterschied zwischen den beiden? Sie erinnern sich an Submodalitäten? Ist in beiden Bewegung? Ist einer größer als der andere? Sind beide in Farbe? Sind beide gleich weit entfernt?
E.: Der Glaubenssatz ist kleiner als die Wischi-Waschi-Sache. Er ist weiter weg. Es gibt keine Bewegung im Glaubenssatz, und beide sind in Farbe.
R.B.: Okay. Jetzt erzähle ich Ihnen, was Sie tun sollen. Ich möchte, daß Sie den ganzen Inhalt des starken Glaubenssatzes nehmen; ich möchte, daß Sie ihn weiter weg schieben, und ich möchte, daß Sie ihn zurückschnellen lassen, so daß er all die Charakteristika der Wischi-Waschi-Sache hat. Position. Aber bevor Sie das tun ... die alte Geschichte mit der Muster-Unterbrechung (Seperator-State) hier. Es muß einen Glaubenssatz geben, den Sie lieber an seiner Stelle hätten.
E.: Ja.
R.B.: Im allgemeinen steht der Glaubenssatz, den die Leute wollen, im Gegensatz zu dem, den sie nicht wollen. Stellen Sie sicher, daß Sie daran in positiven Begriffen denken und daß es ein Prozeß ist und kein Ziel. Wenn Sie z.b. gerade Skifahren lernen würden und anfingen zu glauben, daß Sie ein fortgeschrittener Skifahrer sind, so ist dies eine gute Methode, um umzukommen. Aber es ist für Sie sinnvoll, zu glauben, daß Sie Talent zum Skifahren haben und es schnell, einfach und gut lernen können, und daß Sie das Lernen genießen können. Können Sie an diesen neuen Glaubenssatz in diesen Begriffen denken?
E.: Ja. Es in diese Begriffe zu bringen, läßt es schon viel realer werden.
R.B.: Sie sind schon wieder zu voreilig. Noch etwas im Voraus. Es wird Ökologie-Check genannt. Wenn Sie dies über sich selbst glauben würden, wie würde es sich auf Ihr Leben auswirken. Wenn Sie dies über sich selbst glauben würden, wie würde es sich auf Ihnen nahestehende Personen auswirken, auf Ihre Arbeit und Ihre Familie? Gibt es irgendeine Notwendigkeit, den Glaubenssatz zu ändern, so daß er besser paßt? Würde es mit Ihren Werten kollidieren, wenn Sie diesen Glauben hätten?

E.: Nein. Nein, es ist okay.
R.B.: Okay. Jetzt setzen Sie diesen neuen Glaubenssatz dahin, wo die Wischi-Waschi-Sache ist.
E.: Der Glaubenssatz, den ich möchte?
R.B.: Ja. So daß Sie, wenn Sie (schnippt mit den Fingern) den Glaubenssatz bewegen, der jetzt stark ist, sich zur anderen Seite zurückwenden können und irgend etwas an seine Stelle setzen können. Der Gedanke ist, eine Lücke zu schaffen und sie zu schließen. Der Grund, warum Sie ihn zuerst an die Wischi-Waschi-Stelle bewegen, ist, daß Sie überhaupt etwas haben. Im Moment ist dieser neue Glaubenssatz etwas, was Sie nicht haben, aber Wischi-Waschi macht ihn zumindest zu einer Möglichkeit.
E.: Wow. Ich kann ...
R.B.: In Ordnung. Nehmen Sie jetzt den alten Glaubenssatz und bewegen Sie ihn weg in einige Entfernung (schnippt mit den Fingern) und (schnippt mit den Fingern) bringen Sie ihn zurück, so daß er wischi-waschi ist. Dann (schnippt mit den Fingern) setzen Sie den neuen an seine Stelle, wo auch immer der starke Glaubenssatz war. Sie wollen, daß der neue Glaubenssatz stark ist. Vervollständigen Sie ihn mit Ton. *Alle* Charakteristika. Genau, so ist's richtig. Wuuusch. Ich helfe Ihnen nur ein bißchen. In Ordnung. Erinnern Sie sich an den Glaubenssatz, an den starken, den Sie hatten? Wie fühlen Sie sich nun damit?
E.: Nee.
R.B.: Nee. Okay. Was ist mit dem, den Sie mögen? Ist das ein starker Glaubenssatz?
E.: Ja.
R.B.: Machen Sie ihn größer und heller.
E.: Das fühlt sich gut an. Ich kann nicht glauben, daß es so einfach war.

Die meisten Glaubenssätze über sich selbst sind eine Funktion der Generalisierung: bestimmte Ereignisse werden zu der Kategorie des Selbst generalisiert. Nach einem halben

Dutzend vergeblicher Versuche, etwas zu tun, beginnt eine Person zu glauben, daß sie unfähig ist, es zu tun. Wenn einem Kind immer wieder gesagt wird, daß es dumm oder ungeschickt ist, beginnt es zu glauben, daß es dumm oder ungeschickt ist. Der Glaube wird zu einem Teil des Selbstkonzepts. Die Geschichte vom häßlichen Entlein wäre richtiger, wenn das häßliche Entlein ein schöner Schwan werden würde, aber weiterhin glaubte, es sei häßlich.

Robert Dilts erzählt die Geschichte eines Mannes, der glaubte, er wäre eine Leiche. Sein Psychiater fragte, in dem Bemühen den Beweis zu erbringen, daß der Glaube falsch war, ob Leichen bluten. Der Mann antwortete: „Nein, das tun sie nicht." Der Mann stimmte dann einem Experiment zu, und der gute Arzt piekte ihn mit einer Nadel in den Finger. Der Mann schaute auf seinen blutenden Finger und meinte: „Ich habe mich geirrt, Leichen bluten." Wie fest der Glaubenssatz auch immer sein mag, es gibt immer noch eine konzeptuelle Konfiguration, die ihn aufrecht erhält, und diese Konfiguration ist der Gegenstand der Veränderung. Die Struktur der Veränderung ist ähnlich wie beim Swish-Muster: der gegenwärtige Zustand wird abgeschwächt und der erwünschte Zustand intensiviert. Abgesehen von der Verwendung von Submodalitäten, besteht der Mechanismus darin, durch die Verwendung des Wischi-Waschi-Glaubenssatzes Möglichkeiten in beiden Richtungen zu schaffen. Dieser stellt nicht einen schwachen Glaubenssatz dar, sondern etwas, an dem Ihnen überhaupt nichts liegt. Es könnte so oder so oder irgendwie sein, es ist einfach völlig egal.

Die Rigidität des starken Glaubenssatzes, den die Person hat und nicht haben will, wird gelockert. Sie wird durch die Umwandlung der Submodalitäten des starken Glaubenssatzes in diejenigen des Wischi-Waschi zu einer Möglichkeit gemacht. Wenn diese Veränderung einmal durchgeführt ist, beginnt sich die Möglichkeit, daß es „nicht darauf ankommt", zu formulieren. Der Glaubenssatz, den die Person haben möchte und nicht hat, wird durch die Submodalitätsumwandlungen in denjenigen des Wischi-Waschi ebenfalls zu einer Möglichkeit. Im Transkript der Demonstration erklärte E., als sie die Veränderung machte: „Wow, ich kann ..." Das Gefühl des erwünschten Zustandes hatte schon begonnen, sich auszudrücken.

Bei der Veränderung von Glaubenssätzen handelt es sich eher um ein sequenziertes als ein gleichzeitiges Veränderungsmuster (letzteres kennen wir aus dem Swish-Muster), aber die Geschwindigkeit, mit der die Veränderung gemacht wird, bleibt entscheidend. Richard schnippte mit den Fingern und fügte das „Wuuusch" hinzu, um die Geschwindigkeit der Veränderungen zu dirigieren. Die alte Konfiguration wird in Bewegung gehalten bis eine neue Konfiguration sich stabilisiert hat. Die räumliche Position von Bildern und Klängen ist bei der Veränderung von Glaubenssätzen so wirkungsvoll, daß es, wenn der räumliche Wechsel zusammen mit den anderen damit verbundenen Submodalitätsveränderungen einmal gemacht worden ist, praktisch nicht möglich ist, diese Bilder und Klänge in ihre alte Konfiguration zu setzen. Es ist der stabilisierende Einfluß der Position plus die Tatsache, daß sowohl der alte, starke Glaubenssatz als auch der neue, erwünschte Glaubenssatz in der Konfiguration enthalten sind, die eine Veränderung des Glaubenssatzes in einem Durchgang ermöglichen.

Übung: Veränderung eines Glaubenssatzes

Zu dritt. Person C macht in der Metaposition Aufzeichnungen und stellt für Person B eine Ressource bereit.

Schritt 1. Person A identifiziert irgendeinen Glauben über sich selbst, den sie nicht mag, irgendeinen Glauben, ohne den sie, wenn sie ihn nicht hätte, mehr Flexibilität im Verhalten hätte – mehr Wahlmöglichkeiten. Sie teilt den Inhalt des Glaubens B und C nicht mit.

Schritt 2. Person B arbeitet die Submodalitäten des starken, unerwünschten Glaubens heraus.

Schritt 3. A identifiziert dann irgendeine Wahlmöglichkeit, bei der jede Alternative annehmbar ist, wie z.b.: „Ich könnte zum Abendessen Fisch und Chips essen, oder vielleicht finde ich auf der Speisekarte irgend etwas anderes, was verlockender wäre. Es spielt keine Rolle, welches ich wähle." Dies ist der Glauben, den wir Wischi-Waschi nennen.

Schritt 4. B arbeitet die Submodalitäten des „Wischi-Waschi" heraus.

Schritt 5. B führt A dann durch die Submodalitäten des unerwünschten Glaubens, wobei er eine nach der anderen in die Submodalitäten des Wischi-Waschi verwandelt. Bestimmen Sie, welche Veränderung den größten Unterschied ausmacht. Stellen Sie sicher, die Submodalitäten wieder in ihre ursprüngliche Form zu bringen, bevor Sie mit der nächsten Veränderung weitermachen.

Schritt 6. A identifiziert dann einen Glauben, den sie haben möchte, und der nützlicher als der alte Glauben wäre. Dieser neue Glauben wird in positive Begriffe gesetzt, er wird als Prozeß betrachtet und nicht als ein Ziel. Schließen Sie einen Ökologie-Check an: Wie würde sich dieser Glauben, wenn sie ihn hätte, auf andere auswirken, auf ihre Arbeit? Steht dieser Glauben in Einklang mit ihren Werten und den Werten derjenigen, die ihr nahestehen? Wenn nötig, modifizieren Sie den neuen Glauben, damit diese Bedingungen erfüllt sind.

Schritt 7. Wandeln Sie den neuen Glauben in die Submodalitäten des Wischi-Waschi um.

Schritt 8. Dann instruiert B (indem er die Notizen von Schritt 5 benutzt) A, wie der alte, starke Glaube schwächer zu machen und dann als Wischi-Waschi zurückzubringen ist. Wenn z.b. die Submodalität, die in Schritt 5 die größte Veränderung bewirkte, die Entfernung war, würde B A instruieren, den alten Glauben weiter weg zu bewegen und ihn dann auf dieselbe Entfernung zurückzubringen wie den Wischi-Waschi.

Schritt 9. Dann lassen Sie den neuen Glauben (Bilder und Klänge) in die Konfiguration des alten Glaubens schnellen.

Schritt 10. Machen Sie einen Test und ein Future Pace. B fragt A, was sie nun über sich selbst glaubt. Wenn A diesen neuen Glauben hat, was wird sie tun, das sie vorher nicht tun konnte? A durchläuft eine Abfolge des neuen Verhaltens.

Anmerkung:
Verwenden Sie Musterunterbrechungen (Separator-States) zwischen jedem der Schritte in der Übung, um sicherzustellen, daß jeder Schritt im Prozeß klar und einwandfrei ist. Behalten Sie auch im Auge, daß die Geschwindigkeit, mit der die Person die Veränderungen vornimmt, entscheidend für die Wirksamkeit der Veränderung des Glaubens ist.

Die Strukturierung des neuen Glaubens in positiven Begriffen und als Prozeß hat annähernd dieselbe Funktion wie im Swish-Muster die Dissoziation von dem, wo Sie sein wollen. Der neue Glaube wird zwingend und zieht die Person auf das Verhalten zu, das mit dem Glauben vereinbar ist. Die Veränderung des Glaubens bewirkt dann, wie im Swish-Muster, eine generative Veränderung. Obwohl die Veränderung mit einem bestimmten Glauben durchgeführt wird, wird das neue Muster kreuz und quer über andere Kontexte generalisiert, wo es neue Verhaltensweisen fördert, die die Person in Richtung der Verwirklichung ihrer potentiellen Leistungsfähigkeit lenken. Die Veränderung des Glaubens hat ihrem Verhalten eine Richtung gegeben, die es eher erweitert als begrenzt.

Wie zwingend das neue Verhalten auch immer sein mag, so brauchen die Menschen manchmal zusätzliche Unterstützung für den Übergang von ihrem alten Verhaltensmuster zum neuen. Es ist etwas, was sie nicht in einem Schritt machen können, und wofür sie einen strukturierten Übergang von einem zum anderen brauchen. In einem Workshop sagte jemand: „Ich möchte wirklich anfangen, das neue Verhalten zu zeigen, aber ich denke, vielleicht weiß ich nicht genügend, und so halte ich mich zurück, anstatt mich darum zu bemühen, es zu schaffen." Das Gefühl, das er hat, wird „Unschlüssigkeit" genannt.

Er hat ein Gefühl, „Unschlüssigkeit", das mit einer Rechtfertigung verbunden ist. Rechtfertigungen sind sowohl begründet als auch unbegründet. Die Rechtfertigung lautet hier: „Ich weiß nicht genügend." Das ist eine interessante Behauptung. Was bedeutet „Ich weiß nicht genügend"? Ist es das Gegenteil von „Ich weiß genügend"?* „Ich weiß nicht" hieße dann: ich tue die Aktivität des nicht... In diesem Fall ist die Person in der Aktivität des Nicht-Wissens engagiert. Der funktionelle Teil davon ist, wie er „nicht genügend weiß". Nicht genügend zu wissen ist hier ein aktiver Prozeß. Er sagte, daß er sich zurückhält, daß er unschlüssig ist. Um das Gefühl der *Unschlüssigkeit* hervorzurufen, muß er sich in der Aktivität des Nicht-genügend-Wissens engagieren. Ein Weg, damit umzugehen, wäre, die Struktur von Unschlüssigkeit zu untersuchen. Eine andere Möglichkeit ist, die *Unschlüssigkeit* als erstes Glied in der Kette zu verwenden.

Eine Kette ist eine Folge von Übergangsschritten, die einfach und natürlich sind, und die eine Person von einem inneren Zustand in einen anderen bringen. In diesem Fall müssen wir eine Reihe aus Übergangsschritten aufbauen, die ihn von der *Unschlüssigkeit* zum *Darauf Losgehen* führen. Wir werden hier die folgende Kette benutzen:

Unschlüssigkeit
Frustration
Ungeduld
Gier
Darauf Losgehen

Sie haben in der ersten Übung dieses Kapitels eine Kette mit kinästhetischen Ankern aufgebaut und zusätzlich

---

* „I don't know enough" im Gegensatz zu „I do know enough". „Don't" ist die Abkürzung für „doing not": do plus not. Also tut (do) die Person etwas, nämlich sich für die Aktivität des nicht (not) engagieren. (Anm. d. Übers.)

durch Submodalitäten verstärkt. In der nächsten Übung werden Sie die Kette nur unter der Verwendung von Submodalitäten errichten.

Übung: Direkte Verkettung mit Submodalitäten

Zu dritt. Person C macht sich genaue Aufzeichnungen der herausgearbeiteten Submodalitäten.

Schritt 1. A identifiziert irdendein Erlebnis, das er hatte, in dem er unschlüssig war, und sieht, was er in dem Moment sah, und hört, was er hörte.

Schritt 2. Person B arbeitet die Submodalitäten von A's Unschlüssigkeitserlebnis heraus.

Schritt 3. A findet dann ein Beispiel für „Frustration", irgendein Erlebnis, in dem er frustriert war, und sieht wieder, was er sah, und hört, was er hörte.

Schritt 4. B arbeitet die Submodalitäten der Frustration heraus. C notiert nur diejenigen, die sich von denen der Unschlüssigkeit unterscheiden. Was Sie suchen ist, wie die Submodalitäten sich zwischen den Zuständen verändern.

Schritt 5. Als nächstes finden Sie ein Beispiel für „Ungeduld". Vergleichen Sie die Submodalitäten der Ungeduld mit denen der Frustration. C notiert die Unterschiede zwischen diesen beiden.

Schritt 6. Finden Sie dann die Unterschiede zwischen der Ungeduld und der Gier.

Schritt 7. Finden Sie dann die Unterschiede zwischen der Gier und dem Darauf Losgehen.

Schritt 8. B instruiert dann A, die Struktur des Swish-Musters zu verwenden, um die Kette aufzubauen. Sie werden vier Reihen von Submodalitätsveränderungen haben, die die Gefühle des Erlebnisses von Unschlüssigkeit durch die Abfolge bringen werden: Unschlüssigkeit, Frustration, Ungeduld, Gier, Darauf Losgehen.

Der Inhalt des Unschlüssigkeitserlebnisses wird konstant gehalten, während mit der Abfolge ein Swish gemacht wird. Die Person ist assoziiert in dem Bild, von dem aus der Swish gemacht wird, und dissoziiert von dem Bild, auf das hin der Swish durchgeführt wird. A sieht z.B. das, was er in dem Moment sah, als er unschlüssig war. Dies ist ein großes, quadratisches Bild mit einem Rahmen darum herum.

Das kleine Bild in der Ecke, das größer und heller wird, während das erste Bild verblaßt, ist ein Bild, in dem er sich selbst in demselben Erlebnis sieht, aber mit den Submodalitätsunterscheidungen der Frustration. A tritt dann in dieses Bild, indem er das Ereignis so sieht, als ob es sich mit den Submodalitäten von „Frustration" abspielt, und ein anderes Bild wird groß und hell, in dem er sich selbst in derselben Szene sieht, aber mit den Submodalitäten von „Ungeduld". Derselbe Prozeß wird mit der Gier und dem Darauf Losgehen fortgeführt.

Schritt 9. Machen Sie einen Test und ein Future Pace.

Schritt 10. Tauschen Sie die Rollen.

Damit werden die Einzelteile zusammengesetzt, wobei die Unterschiede der Submodalitäten jedes Zustandes genutzt werden. Die Kette gibt auch eine Richtung vor, und es wird etwas sehr Dauerhaftes dabei herauskommen, was auf andere Lebensbereiche generalisieren wird. Da wir uns auf der Spielwiese des NLP befinden, lassen Sie uns noch einen anderen Weg erkunden, um die Submodalitätsveränderungen zu erreichen, die für die Etablierung einer Kette erforderlich sind. In der letzten Übung haben Sie die Struktur des Swish-Musters verwendet. Nun werden Sie dieselben Submodalitätsveränderungen erreichen, indem Sie eine analoge Unterscheidung benutzen.

Bis jetzt bestand die Struktur des Swish-Musters und der anderen Submodalitätsinterventionen darin, das unerwünschte Gefühl abzuschwächen, während das erwünschte Gefühl intensiviert wird. Das unerwünschte Gefühl wird nicht verändert, es wird einfach abgeschwächt. Im Schwellen-Muster wird das unerwünschte Gefühl verändert. Eine analoge Unterscheidung, die das unerwünschte Gefühl intensiviert, wird sehr schnell gesteigert. Dadurch wird das unerwünschte Gefühl immer stärker und verändert sich plötzlich. Weil das Gefühl, das die Person nicht mag, intensiviert wird, ist es notwendig, dies sehr schnell zu machen; andernfalls wird sie dazu tendieren, aufzuhören und weiter im schlechten Gefühl festgefahren zu bleiben. Beispielsweise machen Sie, falls Helligkeit das unerwünschte Gefühl intensiviert, das Bild sehr schnell heller; machen Sie es heller und heller, bis das Gefühl sich ändert. Das Muster des Bildes/Gefühls scheint einfach zu verschwinden.

Wenn Sie nur die Schwellen-Struktur allein verwenden, ist es zweckmäßig, die Menschen dann das Analoge zurückverändern zu lassen, mit einem Bild, in dem sie sich selbst so sehen, wie sie in diesem Erlebnis sein wollen. Der kleine Junge mit der Schlangenphobie hatte einen Rückfall mit unangenehmen Schlangenbildern. Er hatte im Fernsehen einen Horrorfilm angesehen und dabei Angst bekommen. Weil er nicht weiter zuschauen wollte, wechselte er von einem Programm zum anderen bis zu einer Sendung, in der jemand von einer Schlange angegriffen wurde. Interessant daran ist, daß die Bilder, die ihn später in Panik versetzten, konstruiert und keine Erinnerungen waren. Ich ließ ihn eines dieser Bilder auswählen und langsam heller machen. Das intensivierte die Gefühle. Dann verdunkelte er das Bild und machte es ganz schnell so hell, daß er es nicht länger sehen konnte. Das Gefühl verschwand. Dann verdunkelte er den Bildschirm und sah ein Bild von sich selbst mit all den Submodalitätscharakteristika einer Zeit, als er sich wohl, sicher und geborgen fühlte. Das beseitigte nicht nur die Phantasien über Schlangen zur Schlafenszeit; er war auch beruhigt zu wissen, daß er eine Technik hatte, die er anwenden konnte, wenn sie irgendwann später wieder auftauchen sollten.

Übung: Direkte Verkettung mit Submodalitäten (Variation)

Zu dritt. Mit derselben Gruppe wie bei der letzten Übung.

Schritt 1. Gehen Sie die Notizen aus der letzten Übung durch und finden Sie eine analoge Unterscheidung, die zwischen den verschiedenen Zuständen variiert. Es kann sein, daß Sie eine einzige analoge Unterscheidung finden, die in der Abfolge variiert; vielleicht haben Sie auch bei jedem Paar eine andere analoge Variable.

Schritt 2. B führt A durch die Abfolge, indem er die analogen Variablen benutzt. Wenn z.B. Helligkeit eine analoge Unterscheidung zwischen Unschlüssigkeit und Frustration ist, wird A sehen, was er beim Erlebnis der Unschlüssigkeit sah / hören, was er hörte, und dann anfangen, die Helligkeit aufzudrehen, bis das Bild weiß wird (ausbleicht), und dann die Helligkeit bis auf dieselbe Stufe wie bei der Frustration zurückdrehen, wobei er sich selbst in demselben Erlebnis mit all den Submodalitätscharakteristika von „Frustration" sehen wird ... das sind sowohl analoge als auch digitale Unterschiede.

Verwenden Sie die analogen Unterschiede, um das Erlebnis bis an die Schwelle zu bringen, so daß Sie elegant zum nächsten Schritt weitergehen können. B soll A beim ersten Mal langsam durch die Abfolge führen, so daß A lernt, wie es zu machen ist.

Schritt 3. B soll nun A nochmal schnell durch die Abfolge führen. Drängen Sie ihn zu etwas mehr Schnelligkeit, als es angenehm ist.

Wir haben die Kette hier verwendet, um die Person von einem Zustand der Unbeweglichkeit in einen Zustand zu bringen, wo sie dazu bereit ist, in angemessener Weise zu handeln. In dieser Übung wurde das „Unschlüssigkeit" und „Darauf Losgehen" genannt; es gibt jedoch viele andere Zustände der Unbeweglichkeit, die Menschen erleben. Schlagwörter wie „Schreibblockade" oder „kreativer Block" kommen in den Sinn. Vielleicht wollen Sie ein wenig mit den verschiedenen Schritten in der Kette experimentieren, ausgehend von einem bestimmten gegebenen gegenwärtigen Zustand und einem erwünschten Zustand. Alle Bewußtseinszustände wie z.B. Langeweile, Neugier, Vorfreude, Aufregung, Humor, (leichte) Verwirrung und Kreativität sind nützlich. Was die Kette als Mechanismus so effektiv macht, wie sie ist, ist die Nutzung der spontanen Veränderungen in den Submodalitäten, die Menschen machen, während sie von Zustand zu Zustand wechseln. In der Übung, die Sie gerade ausprobiert haben, haben Sie diese spontanen Veränderungen bewußt genutzt, um eine Veränderung im Verhalten zu bewirken.

Das Swish-Muster, das Sie verwendet haben, ist ein allgemein gehaltenes Modell, aber dieses Modell kann maßgeschneidert werden. Dabei kann das kopiert werden, was eine Person spontan macht, um irgendeine bestimmte Einschränkung zu erreichen. Wenn der Mechanismus des einschränkenden Musters genutzt wird, um die Veränderung zu machen, wird die Wirkung sogar noch stärker als beim Standard-Swish sein. Die nächste Übung bietet eine Struktur für die Entwicklung eines Swish-Musters, das für die speziellen Mechanismen der Person entworfen wird, mit der Sie arbeiten.

Übung: Maßgeschneiderte Form des Swish-Musters

Paarweise.

Schritt 1. Person A identifiziert eine Einschränkung, irgend etwas, was sie als Problem betrachtet, das sie ändern möchte.

Schritt 2. Person B läßt sich von A beibringen, wie er ihr Problem haben kann. Seien Sie präzise bei der Erkundung, wie Sie wissen würden, wann Sie das Problem haben müssen und wie Sie den Problem/Gefühls-Zustand erzeugen würden.

Einer der wirksamsten Wege, dies zu erreichen, ist die Frage: „Angenommen, Sie wollten einen Urlaub machen, davon, Sie selbst zu sein, und ich würde Sie für einen Tag vertreten; und dazu müßte ich Ihre Einschränkung haben. Wie würde ich wissen, wann ich sie haben müßte? Was müßte ich innerlich in meinen Kopf machen, um dieses Problem zu haben?" Dies beinhaltet die Vorannahme, daß die Einschränkung eine Leistung ist, und daß sie jemand anderem beigebracht werden kann. (Siehe „Anticipatory Loss" in *Magic in Action*" von Richard Bandler, Meta Publications.*)

Schritt 3. Während B die Strategie herausarbeitet, durch die A den Problem-Zustand erzeugt, identifiziert er mindestens zwei visuelle Submodalitäten, die die Intensität und Qualität ihrer Gefühle verändern. Dinge wie Größe und Entfernung, Helligkeit und Klarheit, Form und Position, Richtung und Geschwindigkeit der Bewegung sind Beispiele dafür. Überprüfen Sie Ihre Schlußfolgerungen, indem Sie A dieselben Submodalitätsveränderungen mit einem anderen Bild machen lassen und darauf achten, wie ihre Gefühle sich bezüglich der Submodalitätsveränderungen mit dem Inhalt des neuen Bildes ändern.

Schritt 4. Wenn B zwei analoge Unterscheidungen hat, die bei der Erzeugung des Problem-Zustandes am wichtigsten sind, instruiert er A, sich selbst so zu sehen, als ob sie die Veränderung, die sie wünscht, schon gemacht hätte. Sie muß sich selbst in diesem Bild sehen. Streben Sie Verhaltensänderungen an, die wirklich zwingend (im Sinn von attraktiv) sind. Dies sollte ein Bild sein, bei dem sie während des Betrachtens sagt: „Oh Gott, wenn ich doch nur so sein könnte." Je stärker die durch dieses zweite Bild erzeugten Gefühle sind, desto effektiver wird die Veränderung sein.

Schritt 5. Entwerfen Sie einen Swish, indem Sie die analogen Unterschiede verwenden, die B als wichtigste bei der Erzeugung des Problem-Zustandes identifizierte. Wenn die kritischen Submodalitäten beispielsweise Größe und Entfernung sind, ist das erste Bild ein großes, nahes Bild, in dem sie sieht, was sie zu der Zeit sah. Das zweite Bild, in dem sie sich selbst sieht, als ob sie die Veränderung schon gemacht hätte, ist klein und weit entfernt. Das große, nahe Bild bewegt sich weg und wird dabei kleiner und kleiner, während das kleine Bild des erwünschten Zustandes näher kommt und größer und größer wird. B unterrichtet A über die Durchführung des Swish und richtet es so ein, daß sie fähig ist, die Submodalitätsveränderungen auszuführen.

---

* Die deutsche Ausgabe erscheint unter dem Titel „Bitte verändern Sie sich ... jetzt" Mitte 1990 im Junfermann Verlag.

Schritt 6. A wiederholt dann den Swish schnell fünfmal. Jedes Mal, wenn sie einen Schritt vervollständigt, hört sie auf, Bilder zu machen und leert ihren inneren Bildschirm, um wieder mit dem Bild des Problem-Zustandes zu beginnen.
Schritt 7. Machen Sie einen Test und ein Future Pace.
Schritt 8. Tauschen Sie die Rollen.

Was diesen maßgeschneiderten Swish so wirkungsvoll macht, ist die Tatsache, daß Sie die Submodalitätsmuster nutzen, die die Person schon gelernt hat. In der Vergangenheit sind das die Muster, die den unerwünschten Zustand geschaffen haben. Wie Sie schon oft gehört haben, sind die „Menschen nicht kaputt oder defekt; im Gegenteil, die Struktur dessen, was sie tun, funktioniert perfekt." Hier haben Sie diese perfektionierte Struktur verwendet, um eine nützlichere Reaktion aufzubauen. Der Swish kreiert eine Richtung, eine Bewegung auf ein attraktives Bild hin, so daß die Person fortfährt, sich zu bemühen, das zu bekommen, was sie will.

Die hier vorgestellten Übungen sind bloß Beispiele für das, was möglich ist. Sie haben nicht nur eine einzige Einschränkung, die Sie verändern wollen. Das Swish-Muster bietet Ihnen einen Weg, so viele Einschränkungen zu verändern, wie Sie wollen. Je mehr Sie es benützen, desto mehr Geschicklichkeit und Flexibilität werden Sie entwickeln. Diese Übung erforderte, daß Sie mit den visuellen Submodalitäten arbeiteten, weil das visuelle System Ihnen erlaubt, zwei Bilder gleichzeitig zu variieren. Es ist viel schwieriger, mehr als ein Geräusch oder einen Klang auf einmal zu hören. Wenn Sie jedoch Ihre Geschicklichkeit und Flexibilität beim visuellen System fördern, werden Sie die Muster auch an die anderen Systeme anpassen können.

In derselben Weise, in der Sie das Swish-Muster verwenden können, um Einschränkungen zu eliminieren, kann die

Veränderung von Glaubenssätzen verwendet werden: Sie können so diejenige Glaubenssätze verändern, ohne die – wenn Sie sie nicht glauben würden, sondern das Gegenteil – das Leben angenehmer und produktiver wäre. Fangen Sie an, eine Liste der Dinge aufzustellen, die Sie ändern möchten, wobei Sie alle Einschränkungen oder Glaubenssätze hinzufügen, die Ihnen im Weg sind. Viele Menschen glauben, daß sie versagen werden, und versuchen es deshalb gar nicht erst. Wenn irgend etwas nicht gemacht werden kann, müssen Sie sich darüber keine Gedanken machen, weil Sie es einfach nicht tun werden können. Dieses Wissen nimmt die Unruhe aus allem. Daher werden Sie, wenn Sie sich selbst dazu bringen, etwas zu glauben, was nicht stimmt, nämlich daß Sie alles können, herausfinden, was Sie tun können. Sie werden viel mehr schaffen als die meisten Menschen. Wenn Sie einen Glauben kreieren, daß Sie Dinge tun können und daß der Prozeß dann Spaß machen wird, wenn Sie Lernen mit Spaß verbinden, werden Sie davon viel mehr tun.

In bestimmten Situationen erleben viele Menschen etwas, was sie als Zurückhaltung beschreiben. Zurückhaltung ähnelt der Unschlüssigkeit; sie ist jedoch enger mit der Art und Weise verbunden, in der eine Person über sich selbst denkt. Unschlüssigkeit wird mit Sachen wie „ich weiß einfach nicht genügend" gerechtfertigt. Zurückhaltung wird auf der anderen Seite von Aussagen begleitet, wie „Es würde Spaß machen, das zu tun, aber das ist einfach nicht die Art von Person, die ich bin." Bezüglich der Zurückhaltung ist sicher, daß sie Zeit verschlingt. Vielleicht hätten Sie gerne mehr Vertrautheit in Ihrer Beziehung oder wären gern entspannter und spontaner in der Öffentlichkeit oder würden gerne irgend etwas ausprobieren, was Sie nie zuvor getan haben. Jedes Mal, wenn Sie an eines dieser Dinge denken, sagen Sie zu sich selbst: „Ich könnte das nie tun." Na gut, die nächste Übung wird Ihnen die Wahl ermöglichen, die Art von Person zu sein, die Sie sein wollen.

Übung: Eliminierung von Zurückhaltung, wahlweise Paarweise.

Schritt 1. Person A identifiziert irgendein Verhalten, auf das sie sich gerne einlassen würde, aber bezüglich dessen sie sich zurückgehalten fühlt, während sie daran denkt, es zu tun.

Schritt 2. B fragt sie: „Wo wollen Sie sein?" B nutzt seine Geschicklichkeit in der Informationssammlung, um A zu helfen, ein wohlgeformtes Ziel zu entwickeln.

Schritt 3. B instruiert A, sich ein klares Bild des neuen Verhaltens zu machen, in dem sie sich selbst dabei sieht, wie sie tut, was sie gerne tun würde. Eigentlich ist das eine Abfolge von Verhaltensweisen, ein kleiner Film, in dem A sich bei einer Aktivität sieht, bei etwas, was sie möchte. Stellen Sie sicher, daß A die ganze Abfolge sehen kann.

Schritt 4. Dann sieht A, was sie gegenwärtig unter denselben oder ähnlichen Umständen macht. Dies ist ein assoziiertes Bild, und mit dem internen Dialog und der damit verbundenen Tonalität ist es vollständig. Es ist, als ob sie tatsächlich das Verhalten gerade täte.

Schritt 5. B arbeitet einen Submodalitätsvergleich heraus. Was ist der Unterschied zwischen den beiden Sets von Bildern. Suchen Sie nach Unterschieden in Größe, Helligkeit, Position, Entfernung, Klarheit ... und ähnlichen Dingen.

Schritt 6. A identifiziert dann ein anderes Erlebnis, das unter denselben oder ähnlichen Begleitumständen stattfand, und das das beste Beispiel, das sie finden kann, für eine Zeit ist, in der sie spielte. B arbeitet die Submodalitäten dieses Erlebnisses heraus, und sucht wieder nach Unterschieden zwischen den Submodalitäten des Spiel-Erlebnisses und der anderen zwei.

Schritt 7. A sieht sich dann das Bild des erwünschten Zustandes an, wobei sie die Teile sieht, die sie mag; dann tritt sie in das Bild und assoziiert sich dabei. Mag sie die Art, wie sich das anfühlt? B bittet sie, das damit zu vergleichen, was sie nun unter diesen

Umständen macht und das zu wählen, was sie mag. Wenn A das mag, was sie schon hat, gut. Wenn sie das mag, was sie geschaffen hat, ist der Prozeß einfach.

Schritt 8. B hilft ihr, indem er A's Glaubensstrategie verwendet, den Glauben zu verändern. A hat etwas kreiert, was sie mag, und sie hat es mit etwas verglichen, von dem sie glaubt: „Das ist halt, wie es ist." Alles, was sie tun muß, ist, sie auszutauschen, so daß sie glaubt, was sie geschaffen hat. In diesem Fall verwenden Sie, um den Prozeß zu variieren und ihn interessanter zu machen, die Submodalitäten, die Sie bei dem Spiel-Erlebnis herausgearbeitet haben, an Stelle des Wischi-Waschi; als ein Weg, Möglichkeiten zu schaffen.

Es wird interessant sein, herauszufinden, was passiert. Sie werden sich selbst womöglich mit neuen Verhaltensweisen, die Sie nie für möglich gehalten hätten, überraschen und erfreuen. Im Grunde ist das etwas, wofür der New Behavior Generator da ist. Eine Reihe von Verhaltensweisen zu haben, die man mag, ob sie neu oder alt sind, ist recht gut; es gibt jedoch eine Qualität, die wir unseren Erlebnissen hinzufügen können, und die sie von etwas Wundervollem zu etwas Ekstatischem werden läßt. Wir können diese Qualität „Knistern" nennen. Jazzmusiker beziehen sich auf dieselbe Qualität als „in the groove" zu sein.

Übung: Fügen Sie Ihren Reaktionen etwas „Knistern" hinzu

Zu dritt.

Schritt 1. A identifiziert jene Momente in seinem Leben, als die Dinge so perfekt liefen, daß er sich so fühlte, als ob, wenn er seine Finger in die Luft streckte, Funken springen würden, weil es in dem Moment so viel elektrostatische Auflading gab. Denken Sie an die magischen Momente, als alles perfekt funktionierte. Das kann alles Mögliche sein: für diejenigen von Ihnen, die Kinder haben, war es vielleicht das erste Mal, als Sie Ihr neugeborenes Kind sahen; womöglich war es eine Zeit, als Sie verliebt waren; es könnte ein Sportereignis gewesen sein, als Ihre Reaktionen nach Monaten der Übung ausgefeilt waren; oder ein mitreißender Tanz voller Ekstase. Es kann alles sein, wo das Erlebnis so magisch war, daß die Luft um Sie herum vor von Ihnen geschaffener Energie knisterte.

Schritt 2. Person B wird A's Reaktionen ankern. Wenn Sie A's Reaktionen herausarbeiten, stellen Sie sicher, daß es intensive Reaktionen sind. Die Intensität seiner Reaktionen wird in direkter Beziehung zu der Kongruenz stehen, die Sie zeigen: Tonfall, Gesichtsausdruck, Haltung, Gesten. Pacen Sie Ihre(n) Partner(in) und führen (leading) Sie ihn/sie zu einer sogar noch intensiveren Reaktion. Dies erleichtert das Ankern und macht es viel nützlicher.

B instruiert A, zu sehen, was er sah, und zu hören, was er hörte, zu der Zeit, als er sich in einem dieser magischen Momente befand. Dann instruieren Sie ihn, das Bild unter Verwendung von Submodalitäten größer, heller, näher zu machen – was auch immer hier genutzt werden kann, um das Erlebnis zu intensivieren. Ankern Sie es.

Diese Submodalitätsliste wird bei jeder Person leicht variieren. Als Anfang arbeiten Sie die Submodalitäten des „Knister"-Erlebnisses heraus, und finden heraus, welche Submodalitätsveränderungen das Erlebnis am meisten verstärken.

Schritt 3. Jedes Mal, wenn B mehr von einer „Knister"-Reaktion herausarbeiten kann, ankern Sie sie an derselben Stelle, wobei Sie die Anker für das Knistern stapeln (stacking anchors).

Schritt 4. A wählt dann drei Dinge aus, die er tun können möchte. Dann soll B A in bezug auf jede dieser Tätigkeiten in den folgenden Schritten unterweisen.

a) A sieht sich selbst, wie er die Tätigkeit macht. B betätigt den „Knister"-Anker und hält ihn während der Sequenz aufrecht.

b) A assoziiert sich dann in das Erlebnis hinein, indem er sieht und hört, was er sehen und hören würde, wenn er es tatsächlich tun würde. B betätigt den „Knister"-Anker und hält ihn während der Sequenz aufrecht.

c) Person A steht dann auf und zeigt die Tätigkeit in einem Rollenspiel mit Person C. B betätigt den „Knister"-Anker und hält ihn während dieses Future Pace aufrecht.

Schritt 5. A etabliert für sich einen eigenen „Knister"-Anker, so daß er, wenn er jemand etwas tun sieht, was wie Spaß aussieht – etwas, was er selbst gerne machen würde –, das Verhalten inkorporieren kann und es mittels Knistern zu einem weiteren dieser magischen Momente machen kann.

3 Kinästhetische Submodalitäten – ein erster Einstieg

Möglicherweise ist das kinästhetische System das am schwersten zu bestimmende aller Submodalitätssysteme, weil es das System ist, dessen wir uns am meisten bewußt sind. Diese Bewußtheit ist jedoch meist eher unspezifisch. Unsere Aufmerksamkeit ist eher auf den Höhepunkt einer Sequenz von Körperempfindungen gerichtet als auf die Sequenz an sich: wir sind uns des Endprodukts bewußt, aber nicht des Prozesses, durch den es zustande kam.

Mittlerweile sind Sie mit Geräuschen vertraut, die lauter werden oder in eine höhere Tonlage wechseln, mit Bildern, die größer und heller werden, und mit den Auswirkungen dieser Submodalitätsveränderungen auf die Intensität und Qualität des Erlebens. In diesem Kapitel werden Sie entdecken, welche Wirkung eine Körperempfindung an sich auf die Intensität und Qualität des Erlebens hat.

Übung: Erkundung kinästhetischer Submodalitäten

Paarweise.

Schritt 1. Person A identifiziert ein angenehmes Erlebnis.

Schritt 2. Person B instruiert A, indem sie die Submodalitätsliste aus Tabelle 2 benutzt, die kinästhetischen Submodalitäten des Erlebnisses zu verändern. Stellen Sie sicher, daß Sie A die Submodalitäten, die er verändert hat, in ihre ursprüngliche Form zurückverwandeln lassen, bevor Sie mit der nächsten Submodalität weitermachen.

Schritt 3. Identifizieren Sie die kritischen kinästhetischen Submodalitäten. Stellen Sie auch fest, welche kinästhetischen Veränderungen im visuellen und auditiven System am meisten bewirken. Achten Sie vor allem auf diejenigen visuellen und auditiven Veränderungen, die am schwierigsten zu erreichen sind.

Schritt 4. Tauschen Sie die Rollen.

Schritt 5. Wiederholen Sie Schritt 1 – 3 mit einem unangenehmen Erlebnis und achten Sie auf etwaige Unterschiede.

Lassen Sie uns zu den Anfängen zurückkehren und zu den Sprachmustern, die die impliziten Beschreibungen unseres Erlebens enthalten. Wir kennen alle Ausdrücke wie: „Ich habe das Gefühl, ich bin aus dem Gleichgewicht gekommen", „Ich muß meine Balance wiederfinden", „mit stolzgeschwellter Brust", „die Verantwortung lastet schwer auf mir", „er dreht sich im Kreis", „das sind ja schwindelerregende Resultate". Es ist eine lange Liste kinästhetischer Bezüge, und Sie können nun anfangen, auf Aussagen zu achten, in denen irgendein Aspekt von Körperempfindungen bezeichnet wird.

Es gibt zwei Übungen, die für die Entwicklung eines größeren kinästhetischen Bewußtseins besonders nützlich sind. Die erste ist eine Gestalt-Übung zum sensorischen Bewußtsein; die zweite ist die NLP-Übung zur erforderlichen Vielfalt (requisite variety). Beide können einen Trance-Zustand erzeugen, und es könnte sein, da Sie es zweckmäßig finden, einen starken Hier-und-Jetzt-Anker zu setzen, der es Ihnen ermöglicht, schnell und mühelos in eine gegenwärtige Wachrealität zurückzukehren.

Übung: Gestalt-Körper-Bewußtheit

Einzeln.

Schritt 1. Setzen Sie einen Hier-und-Jetzt-Anker.

Schritt 2. Setzen oder legen Sie sich bequem hin. Während Ihnen Körperempfindungen bewußt werden, sagen Sie zu sich selbst, „jetzt bin ich mir .... bewußt", und bei der nächsten Empfindung, „jetzt bin ich mir .... bewußt". Am Anfang konzentrieren Sie sich nur auf die Empfindungen auf Ihrer Haut: das Gewicht Ihres Körpers, wie er auf dem Bett liegt; die Empfindung, wie Sie Ihre Kleidung spüren; die Empfindung, wie Sie Ihren Atem auf Ihren Lippen spüren, während Sie ausatmen, der Druck Ihrer Fersen, die Körpertemperatur oder die Temperatur von Körperteilen.

Schritt 3. Machen Sie wie in Schritt 2 weiter, aber fügen Sie alles hinzu, dessen Sie sich innerlich bewußt sind: eine Spannung in Ihrem Bauch, ein Juckreiz an Ihrer rechten Wange, ein Kribbeln in Ihrem linken Fuß. Achten Sie darauf, ob Sie sich all Ihrer Körperteile in gleicher Weise bewußt sind oder ob es Bereiche gibt, in denen es wenige oder keine Empfindungen gibt. Wiederholen Sie bei jedem neuen Bewußtwerden, „Jetzt bin ich mir .... bewußt". Lassen Sie diesen Prozeß 10 bis 15 Minuten lang weiterlaufen. Wenn Sie sich dabei ertappen, daß Sie abdriften und an andere Dinge denken, erinnern Sie sich einfach an die Aufgabe und fangen wieder an, sich der Körperempfindungen bewußt zu werden.

Übung: Erforderliche Vielfalt

Einzeln.

Schritt 1. Setzen Sie einen Hier-und-Jetzt-Anker.

Schritt 2. Wählen Sie eine Farbe. Visualisieren Sie dann einen inhaltsfreien Bereich in dieser Farbe. Als ob Sie z.B. ganz in die Farbe Blau eingebettet wären.

Schritt 3. Fangen Sie an, darauf zu achten, mit welchem Ton (wiederum inhaltsfrei) diese Farbe verbunden ist. Hören Sie den Ton, und gestatten Sie ihm dabei, angemessen laut und deutlich zu werden.

Schritt 4. Fangen Sie an, auf die Körperempfindungen zu achten, die mit der Farbe und dem Ton verbunden sind. Achten Sie darauf, ob es eine Bewegung bei der Empfindung gibt, und wo in Ihrem Körper Sie sich der Empfindung am meisten bewußt sind.

Schritt 5. Wiederholen Sie das Ganze, wobei Sie eine andere Farbe oder einen anderen Farbton wählen. Machen Sie das solange, bis Sie die Variationen mit sechs Farben erkundet haben.

Je öfter Sie diese Übungen durchführen, desto feiner werden die Unterscheidungen, die sie treffen können. Einige von Ihnen werden vielleicht schon begonnen haben, mit Variationen in der Intensität von Empfindungen zu experimentieren, und dabei gemerkt haben, wie dies Ihre Erlebnisse beeinflußt. Sie sind sich nun womöglich des Anfangs der Empfindung mehr bewußt, und auch der Bewegung, mit der sie zu der Stelle kommt, wo Sie sich ihrer am meisten bewußt sind. Im Aikido, das nach Meinung einiger Leute die eleganteste der japanischen Kampfsportarten ist, entspringt die Lebensenergie, auch Ki genannt, an einem Punkt, der ungefähr zehn Zentimeter unterhalb des Bauchnabels liegt. Das Ki kann nicht nur als Körperempfindung erlebt werden, sondern es kann intensiviert oder abgeschwächt und überall im Körper hingelenkt werden. Vieles in dieser Sportart ist auf die Entwicklung von Ki ausgerichtet, und auf die Fähigkeit des Praktikers, den Fluß und die Richtung von Ki zu beherrschen. In derselben Weise, in der jedes Erlebnis mit einem bestimmten Atemmuster verbunden ist, wird jedes Erlebnis von einer Körperempfindung begleitet. Der Fluß und die Richtung dieser Empfindung können einen starken Einfluß auf die Intensität und Qualität des Erlebnisses haben.

Ich hatte Klienten, die, während sie ihren gegenwärtigen Zustand beschrieben, die Beschreibung mit einer winzigen Kopfdrehung – meistens im Uhrzeigersinn – begleiteten. Als sie anfingen, ihre erwünschten Zustände zu erforschen, bat ich sie, die Drehung ihres Kopfes umzukehren. Sobald sie anfingen, ihren Kopf in die andere Richtung zu drehen, begann sich ihre Verwirrung aufzuklären und sie konnten Möglichkeiten sehen, die vor der bewußten Kopfdrehung nicht verfügbar gewesen war.

Ich arbeitete kürzlich mit einem Mann, der klagte, er sei in Menschenmengen so nervös, daß es bis zur Übelkeit führte. Die Übelkeit war so stark, daß er sich häufig übergeben mußte und es fast für unmöglich hielt, sich mit Freunden in einem Restaurant oder einer Kneipe aufzuhalten, in der er sich beengt fühlte. Er war sich keiner visueller oder auditiver Submodalitäten bewußt, und jede Erinnerung an den Aufenthalt in einer Menschenmenge führte sofort zu der Übelkeit. Da ich damit arbeiten mußte, wessen er sich bewußt war, fing ich an, Fragen darüber zu stellen, was ihm genau vor dem Gefühl der Übelkeit bewußt war. Der Übelkeit ging ein Gefühl von Schwindel voraus. Das folgende Transkript veranschaulicht die kinästhetische Intervention.

Will: Was geschieht, wenn Sie sich schwindlig fühlen? Wie fühlt es sich an?

Mann: Es ist, wie wenn der Raum sich zu drehen anfangen würde.

Will: Machen Sie es jetzt und achten Sie darauf, was passiert.

Mann: Ich mag das nicht.

Will: Was ist passiert?

Mann: Es fing an, mir übel zu werden.

Will: Ja, aber Sie haben das selbst beendet. Wie haben Sie das gemacht?

Mann: Ich beendete das Drehen des Raumes.

Will: Also haben Sie die Kontrolle. Das ist gut. Zwei sind eine Gesellschaft und drei eine Menschenmenge, aber hier sind nur wir zwei, und Sie waren dennoch in der Lage, sich dazu zu bringen, daß Ihnen übel wurde. Nun, als Sie anfingen, den Raum sich drehen zu lassen, ist Ihnen da sofort übel geworden oder mußten Sie die Drehung bis auf eine bestimmte Geschwindigkeit bringen, bevor das Gefühl der Übelkeit begann?

Mann: Sofort, denke ich.

Will: Machen Sie es nochmal und finden Sie es heraus. Fangen Sie diesmal sehr langsam an, und lassen Sie es dann langsam schneller werden, bis Sie anfangen, die Übelkeit zu fühlen. Finden Sie heraus, ob die Drehgeschwindigkeit einen Unterschied bewirkt. Lassen Sie mich wissen, wann das Übelkeitsgefühl anfängt.

Mann: Jetzt spüre ich es.

Will: Es dauerte eine Weile, bis das Gefühl anfing. Machen Sie es nochmal, und lassen Sie es diesmal sogar noch schneller werden. Lassen Sie den Raum sich schneller drehen. Und, was passiert?

Mann: Ich fühle mich, als ob ich kotzen werde.

Will: Beenden Sie es. Was passiert jetzt?

Mann: Ich fühle mich immer noch, als ob ich kotzen würde.

Will: Das ist okay. Es ist ein bißchen, wie wenn man seekrank ist, nur hängt hier das Übelkeitsgefühl damit zusammen, wie schnell sich der Raum dreht. Wenn Sie es schnell genug werden lassen, nimmt die Übelkeit überhand; und selbst wenn Sie die Drehung stoppen, meinen Sie immer noch, kotzen zu müssen. Nochmal. Übrigens, bevor Sie anfangen, in welche Richtung dreht sich der Raum?

Mann: Nach rechts.

Will: Okay. Raumdrehung nach rechts, machen Sie sie schneller, bis Ihnen übel wird.

Mann (nickt.)

Will: Stoppen Sie die Drehung und fangen Sie an, den Raum sich in die andere Richtung drehen zu lassen, nach links. Und, was passiert?

Mann: Es verschwand.

Will: Was verschwand?

Mann: Das Gefühl, kotzen zu müssen.

Will: Was ist mit dem Schwindel?

Mann: Der verschwand auch.

Will: Sie erinnern sich daran, als Sie ein kleines Kind waren und sich solange herumdrehten, bis Ihnen so schwindlig war, daß Sie hinfielen? Wir haben das alle gemacht, als wir Kinder waren. Das erste Experimentieren mit Bewußtseinsveränderungen. Später haben Sie entdeckt, daß, wenn Sie beim Rechtsherumdrehen genau dann aufhörten, bevor Sie hinfielen, und anfingen, sich andersherum zu drehen, Ihr Gleichgewichtssinn schnell wiederkehrte und das Schwindelgefühl weg war. Hier ist es dasselbe, nur daß Sie es innerlich machen. Also machen Sie es nochmal. Finden Sie heraus, daß Sie wirklich die Kontrolle über den Prozeß haben. Drehen Sie den Raum nach rechts, so fühlen Sie, wie Ihnen übel wird; hören Sie damit auf und drehen ihn nach links, so verschwindet das Gefühl von Schwindel und Übelkeit; Sie hören mit der Drehung auf. Sehen Sie, was es auch immer ist, was passiert, Sie haben gelernt, eine Sache wirklich gut zu machen. Dies ist eine Gelegenheit, zu lernen, etwas anderes gleich gut zu tun, das sinnvoller ist.

Mann: Ist das etwas, was ich üben muß?

Will: Sicher, aber mit der Übung kommt die Kontrolle, und mit der Kontrolle die Wahlmöglichkeit. Sie können sich selbst immer dann, wenn Sie wollen, in einen Übelkeitszustand bringen. Wenn das irgendeinem nützlichen Zweck dient, dann machen Sie ruhig weiter und fühlen Sie die Übelkeit. Wichtig ist nicht, ob Ihnen übel ist oder nicht, wichtig ist, daß Sie die Kontrolle darüber haben. Üben Sie es nun ein paarmal, und dann werden wir über die Straße gehen und im Feinkostgeschäft zu Mittag essen.

Im Feinkostgeschäft ging es ihm sehr gut; er konnte sein Mittagessen genießen, obwohl der Ort laut und voller Menschen war. Wann immer er merkte, daß er anfing, den Raum sich drehen zu lassen, drehte er ihn einfach in die andere Richtung und beseitigte damit das Schwindelgefühl. Meiner Erfahrung nach wird ein Mensch das zweckmäßigste Verhalten wählen, wenn er einmal entdeckt hat, daß er wirklich eine Wahl hat. In diesem Fall hörte das unerwünschte Verhalten nach ein paar Wochen auf. Er meinte: „Ich brauche das nicht mehr zu tun."

Die Frage ist, was sich drehte. Seine Zugangshinweise deuteten darauf hin, daß der Schwindel aus der Bewegung innerer Bilder resultierte, die aber unbewußt blieben. Der interessanteste Aspekt ist, daß er auch ohne bewußte Kenntnis des Inhalts eine Veränderung bewirken konnte, indem er die eine Sache änderte, derer er sich bewußt war. Hol' den Klienten in seinem Modell der Welt ab. Welches Modell es auch sein mag, es gibt immer Bestandteile, die genutzt werden können.

Die nächste Übung ist aus dem Theater und der Arbeit von *Stanislavsky* übernommen; sie ist jedoch bei der Etablierung idiosynkratischer Selbst-Anker nützlich. Bei der Entwicklung des „method acting" verwendete *Stanislavsky* den Prozeß, um dem Schauspieler zu helfen, einen vollständigen und naturalistischen Charakter für die Bühne zu entwikkeln. Das Wichtige am gegenwärtigen Kontext ist, daß er auf Ihrem eigenen einzigartigen und speziellen Modell der Welt basiert.

Übung: Entwicklung idiosynkratischer Anker

Paarweise.

Schritt 1. Person A identifiziert ein Erlebnis, in dem sie äußerst kompetent war. Da Sie schon die „Knister"-Übung gemacht haben, sollte Ihnen eine Reihe von diesen magischen Zeitpunkten zugänglich sein, bei denen alles, was Sie gemacht haben, genau paßte.

Schritt 2. Person B hilft A, die kinästhetische Verbindung zu diesem Erlebnis wieder herzustellen. Welche Körperempfindung ist mit dem Erlebnis verbunden? Als Hilfe für A, mit dem Gefühl des Moments in Berührung zu kommen, können visuelle und auditive Submodalitäten genutzt werden.

Schritt 3. A identifiziert dann irgendein kinästhetisches Element (eine Haltung oder Geste, einen Gesichtsausdruck, eine bestimmte Stellung der Hüfte), das für den Zeitpunkt typisch ist, und eines, das sie beliebig wiederholen kann. Es könnte hierbei zweckmäßig sein, die kinästhetische Komponente von A vorführen zu lassen.

Schritt 4. Wenn B sicher ist, daß die kinästhetische Komponente mit dem Erlebnis verknüpft ist, ankert er sie.

Schritt 5. Musterunterbrechung (Separator-State). Dann betätigen Sie den Anker und achten darauf, ob Sie eine entsprechende körperliche Veränderung bei A beobachten. Wenn nicht, setzen Sie den Anker neu.

Schritt 6. Machen Sie ein Future Pace und betätigen Sie den Anker. Machen Sie ein zweites Future Pace, ohne den Anker zu betätigen, und achten Sie darauf, ob die körperliche Veränderung im zukünftigen Erlebnis auftritt.

Als Beispiel für die körperliche Veränderung, die mit diesem Zustand einhergehen kann, mag ein Klient dienen, der Radrennfahrer war. Wenn er einen Sprint begann, zog er leicht die Schultern hoch und machte einen runden Rücken. Als er die Bewegung wiederholte, erlebte er, wie eine Woge von Kraft durch seinen Körper lief und er ein Gefühl von Heiterkeit und Wohlbefinden bekam. Sein Körper war auf folgende Sequenz konditioniert worden: Schultern nach vorne und der Rücken rund – Los geht's mit voller Kraft! Das Ankern der Kinästhetik und ein Future Pace machten ihm die Gefühle von Heiterkeit und Wohlbefinden in einer Vielzahl von Kontexten zugänglich.

Wir haben ein Muskel-Gedächtnis, wie jeder weiß, der je auf ein Fahrrad gestiegen ist, nachdem er jahrelang mit keinem gefahren war. Es mag schwierig sein, das Muster aufzubauen, aber wenn es einmal gelernt ist, ist es fest eingerichtet und beständig. Das Muster ist eine Sequenz von Muskelinervationen, und diese Sequenz und die speziellen Muskelspannungen, die damit verbunden sind, halten uns in bestimmten inneren Zuständen. Halten Sie als Experiment die rechte Hand hoch, mit der Handinnenfläche nach unten, und plazieren Sie Ihren Daumen so in Ihren Mund, daß Sie Ihre linke Wange zwischen Daumen und Zeigefingen einklemmen können. Schieben Sie Ihren Daumen ganz in Ihren Mund, drücken Sie Ihre Wange, und ziehen Sie ihn ein paarmal kräftig nach vorne heraus. Achten Sie auf die Empfindung in Ihrer Wange. An was erinnert es Sie? Machen Sie es nochmal, nur daß Sie sich diesmal an die Empfindungen in Folge einer Betäubungsspritze beim Zahnarzt erinnern. Dieses Erlebnis ist uns allen vertraut; und es enthält allgemein bekannte Elemente. Es umfaßt Taubheitsempfindungen, manchmal ein leichtes Prickeln, das Gefühl, daß die Zunge geschwollen ist, nachlassende Empfindungen in den Lippen. Folgen Sie der Sequenz der Bewußtheit sorgfältig, wobei Sie genau das fühlen, was Sie letztes Mal gefühlt haben, als Sie ein Erlebnis hatten, bei dem Sie eine Betäubungsspritze bekamen. Wiederholen Sie nun die Sequenz drei- oder viermal. Intensivieren Sie die Empfindungen bei jeder Wiederholung. Achten Sie darauf, was passiert. Das kinästhetische Gedächtnis ist an der Arbeit. Jedes Mal, wenn Sie erleben, wie Sie eine Betäubungsspritze bekommen, erlebt Ihr Körper dieselbe Sequenz. Wenn Sie diese Sequenz wiederholen, verbindet Ihr Körper die Sequenz mit den Auswirkungen des Medikaments und Sie fangen an, die Betäubungsspritze wieder zu erleben. Was bei *einem* Medikament oder *einer* Droge funktioniert, wird bei anderen auch funktionieren.

Übung: Die Droge der Wahl

Einzeln.

Schritt 1. Wählen Sie ein Medikament bzw. eine Droge, mit dem oder der Sie vertraut sind. Wählen Sie ein Medikament bzw. eine Droge, dessen oder deren Wirkungen Sie gerne beliebig wiederholen würden, ohne das Mittel tatsächlich zu nehmen. Vorsicht: Wählen Sie kein Mittel, das unangenehme Nebenwirkungen hat – die werden Sie nämlich ebenfalls bekommen.

Schritt 2. Erinnern Sie sich an irgendeinen Zeitpunkt, als Sie ein Erlebnis mit diesem Mittel hatten. Wenn Sie sich an dieses Erlebnis erinnern: was war die erste Körperempfindung, die Sie wissen ließ, daß das Mittel zu wirken anfing? Dann die nächste. Und die nächste. Folgen Sie der genauen Sequenz der durch das Mittel verursachten Körperempfindungen.

Schritt 3. Sobald Sie die Empfindungen und ihre Sequenz identifizieren können, fangen Sie an, die Sequenz zu wiederholen, wobei Sie die Empfindungen mit jedem Mal intensivieren.

Die meisten Menschen halten dies für eine Möglichkeit, um Spaß zu haben. Das kann es sicherlich auch sein. Aber Keith Hanson nutzte den Prozeß auf eine etwas andere Art. Seine Frau Sue stand kurz vor der Geburt ihres zweiten Kindes; und als die Wehen anfingen, erlebte sie eine hohe Herzschlagrate, sich ständig verändernde Blutdruckwerte, extreme Anspannungen im Körper, die zwischen den Wehen nicht nachließen, und unerträglich schmerzhafte Wehen. Man konnte ihr kein Beruhigungsmittel geben, weil die Medikamente Auswirkungen auf das Kind gehabt hätten. Keith ließ sie ein Erlebnis mit Morphium wiederholen, genau so, wie es in der Übung dargelegt wird. Jedes Mal, als sie die Sequenz ablaufen ließ, ankerte er sie – indem er Anker für das Morphium-Erlebnis stapelte. Er ließ sie dann die Spitzen ihres Daumens und ihres Zeigefingers zusammenpressen. Als sie das machte, betätigte er den Anker und übertrug ihn auf Sues Daumen und Zeigefinger, so daß sie die Kontrolle über ihn haben konnte. Er setzte dann auf dieselbe Weise zwei andere Anker, indem er die Spitzen ihrer Mittel- und Ringfinger zusammen mit ihrem Daumen benutzte. Der zweite Anker war der alpha/theta-Zustand zwischen Wachen und Schlafen. Der dritte Anker war eine dreistufige Dissoziation, wo sie sich selbst beobachtete, wie sie sich selbst beobachtete, wie sie im Kreißsaal lag. Da Sues Herzschlag und Blutdruck überwacht wurden, hatte er ein sofortiges Feedback. Innerhalb von zwanzig Minuten kehrte ihr Blutdruck auf Normalstand zurück, ihre Herzschlagrate war wieder normal, und sie wußte aufgrund der Bewegung ihres Körpers, wann sie eine Wehe hatte. Sie blieb während jeder Wehe in einem bequemen Zustand und entspannte sich sofort, wenn sie vorbei war. Sie sagte, daß sie sicher war, das Kind ohne Betäubungsmittel kriegen zu können, aber da ihr erstes Kind ein Kaiserschnitt gewesen war, wollte der Arzt auf einen sofortigen operativen Eingriff vorbereitet sein, falls es irgendwelche Komplikationen gäbe. Sie wurde narkotisiert und schenkte einem gesunden Jungen das Leben.

Sie werden vielleicht gemerkt haben, das der Punkt, an dem Sie sich der Körperemfindungen am meisten bewußt sind, nicht die Stelle ist, wo die Empfindungen herstammen. Mit anderen Worten, Körperemfindungen tendieren dazu, zu fließen: sie haben eine Richtung. Meistens neigen wir dazu, uns der Bewegung der Empfindung nicht bewußt zu werden, und unsere Aufmerksamkeit nur den intensiveren Gefühlen an der Stelle zu widmen, an der die Empfindung ankommt. Es wäre interessant, eine mögliche Korrelation zwischen den Bewegungsmustern von Körperempfindungen und den Meridianlinien, wie sie bei der Akupunktur genutzt werden, zu untersuchen. Unabhängig davon, ob es eine Korrelation zwischen ihnen gibt oder nicht, ist es notwendig, die Bewegung der Körperempfindung spüren zu können, um kinästhetische Submodalitäten wirkungsvoll nutzen zu können.

Ich begann mit den darin enthaltenen Möglichkeiten zu spielen und schaffte es, nach einem Glas Wein ziemlich gut betrunken zu sein. Es war ähnlich wie bei der „Droge der Wahl"-Übung, aber ich hatte ein Glas Wein als Hilfestellung, als Signal jeder Sequenz. Später trat für mich die Frage auf, was passieren würde, wenn der Prozeß umgekehrt wurde. Es ging mit anderen Worten darum, die Bewegung der Körperempfindungen herauszufinden, die den Alkoholkonsum begleiten, und sie einfach umzudrehen. Die Idee war zu verführerisch, um sie sich entgehen zu lassen, und unter Beibehaltung derselben sozialen Situation wie mit dem Wein, trank ich mehr als eine halbe Flasche Whisky in einem Zeitraum von vier Stunden und blieb klar verständlich, koordiniert und genau in meiner Ausdrucksweise. Bei einem fünfzigprozentigen Whisky ist das genügend Alkohol, um mich unter normalen Umständen ziemlich unverständlich werden zu lassen. Ich habe keine Ahnung, wie hoch mein Blutalkoholwert war, aber ich hatte am folgenden Morgen keinen unangenehmen Kater. Ich erwähnte es der inzwischen erwachsenen Jessica gegenüber, die meinte: „Ja, meine Freundinnen und ich haben das immer auf Parties gemacht. Wenn der Raum sich zu drehen anfing, ließen wir ihn sich andersherum drehen und waren in fünfzehn Minuten nüchtern." So viel bezüglich elterlicher Weisheit.

Bevor ich das geschrieben habe, ist mir nicht in den Sinn gekommen, die Möglichkeiten zu erforschen, diesen Prozeß zu nutzen, um Allergien zu behandeln. Es scheint sinnvoll. Ich habe das Phänomen, die Richtung von Körperempfindungen umzudrehen, jedoch verwendet, um die Kontrolle über den Schlaf zu bekommen. Ich machte eine Marathon-Fahrt quer durch das Land, in deren Verlauf ich vierzig Stunden lang wach war. In der Vergangenheit, wenn ich während des Fahrens müde wurde, öffnete ich die Fenster, sang, gab mir einige Klapse ins Gesicht, machte eine Kaffeepause, oder wusch mein Gesicht mit kaltem Wasser. Nichts davon war besonders effektiv, mich wachzuhalten. Dieses Mal widmete ich meine Aufmerksamkeit ganz genau den Körperemfindungen, die das „Ich werde müde"-Gefühl begleiteten. Die Empfindung begann in meinem Gesicht, um und hinter meinen Augen. Die Empfindung, ein leichtes Kribbeln, bewegte sich zu meinem Hinterkopf, an meinem Hals und meinen Schultern hinunter, in meiner Brust und im Bauch hinunter, bis es in meinem Unterleib aufhörte. Nachdem ich mir dessen einmal bewußt geworden war,

war es relativ leicht, die Empfindung nach oben und heraus zu bewegen. Das Ergebnis, ein Gefühl der Wachheit, war nahezu unverzüglich da. Es gab einen Punkt auf dieser Reise, wo es nicht funktionierte, und die Empfindung war ganz anders. Das Gefühl, das aus in meinem Bauch herstammte, war viel diffuser und breitete sich in meinem Körper aus. Ich fuhr an die Seite, schlief eineinhalb Stunden, wachte wieder auf und fühlte mich ausgeschlafen, erholt und bereit, die Reise fortzusetzen. Erstaunlicherweise gab es am Ende der Reise keinen Zusammenbruch. Ich leitete fünf Tage lang einen Workshop, plauderte mit Freunden und wiederholte dann dieselbe Sequenz auf der Rückreise. Die interessantesten Aspekte waren die unterschiedlichen Empfindungen – jene, die mit meiner anfänglichen Schläfrigkeit verbunden waren, und jene, die im Gegensatz dazu das wirkliche Bedürfnis nach einer Ruhepause begleiteten –, die Kürze der für die Erholung notwendigen Rast, und das kontinuierliche Gefühl des Wohlbefindens.

Es ist zu erwägen, dieselbe Vorgehensweise bei jemandem zu verwenden, der unter Schlaflosigkeit leidet. *Ein möglicher submodalitätsmäßiger Schritt bei Schlaflosigkeit besteht aus der Verlangsamung des internen Dialogs, der die Schlafversuche des an Schlaflosigkeit Leidenden begleitet.* Die Stimme, mit der er zu sich selbst spricht, kann nach und nach langsamer werden, ruhiger, weniger durchdringend, und sie kann anfangen, schläfrig zu klingen. Diese Stimme muß vielleicht sogar gelegentlich eine Pause machen, um zu gähnen. Innere Bilder können ebenfalls verlangsamt oder dunkler werden, um den Schlaf zu erzeugen. Bei Schlaflosigkeit gibt es auch eine kinästhetische Komponente. Eine Person, die nicht schlafen kann, fühlt sich möglicherweise müde, aber paradoxerweise fühlt sie sich auch hellwach. Das Gefühl, hellwach zu sein, ist mit Körperempfindungen verbunden. Folgen Sie den Empfindungen, hellwach zu sein, vom Ursprungspunkt bis zu dem Punkt, wo sie am meisten bewußt sind. Wenn der Weg der Empfindungen einmal erfaßt ist, drehen Sie die Richtung um. Koppeln Sie die Umkehrung der Körperempfindungen an eine Veränderung im internen Dialog, um eine Nacht zu genießen, in der Sie tief und fest durchschlafen.

Körperempfindungen in Verbindung mit Systemüberlappung können sehr wirkungsvoll bei der Trance-Induktion genutzt werden. Die Kenntnis der allgemein verbreiteten kinästhetischen Elemente des Trance-Zustandes bildete die Grundlage des Autogenen Trainings: Gefühle der Schwere, Wärme und Bewegung. Es ist jedoch wirkungsvoller, einen Trance-Zustand zu erleben und die Submodalitätsveränderungen festzustellen, die stattfinden.

Übung: Submodalitäten von Trance-Zuständen

Paarweise.

Schritt 1. Person B paced A's Atmung, indem sie nur spricht, wenn A ausatmet. Pacen Sie sein Erleben, indem Sie ihm erzählen, daß er sich dreier Dinge bewußt ist, die er sofort verifizieren kann. Z.B.: „Sie können sich des Gewichts bewußt sein, mit dem Ihr Körper auf dem Stuhl ruht." Dann fügen Sie die Suggestion hinzu, daß „Sie in eine tiefe Entspannung gehen können."

Schritt 2. Wiederholen Sie die Sequenz mit zwei sofort verifizierbaren Bemerkungen und fügen Sie hinzu: „Die Entspannung kann sogar noch tiefer und Sie können angenehm ruhig werden."

Schritt 3. B stellt A die folgenden Fragen (bei den Fragen nicht die Atmung pacen):

Während Sie hier sitzen und sich entspannt und angenehm ruhig fühlen, welches Phänomens sind Sie sich dabei in Ihrem Körper bewußt? Gibt es noch weitere, derer Sie sich bewußt sind?

B notiert, welche komplexe Äquivalenz* A für „entspannt und angenehm ruhig" hat.

---

* „complex equivalence": Dieser Begriff ist in dem Buch *Mit Familien reden* von Bandler, Grinder & Satir (erschienen im Pfeiffer Verlag) mit „Teil-Äquivalenz" übersetzt worden. (Anm. d. Übers.)

Schritt 4. B beginnt wiederum, A's Atmung zu pacen und induziert einen Trance-Zustand, indem sie eine weitere sofort verifizierbare Bemerkung macht und etwas in die Trance führendes (lead) hinzufügt. Z.B.: „Während ich zu Ihnen spreche, können Sie sich Ihres Atems bewußt werden, ... und wie Ihr Atem fließt ... hinein ... und hinaus. Und während Sie Ihrem Atem folgen ... ein ... und aus, ... werden Sie sich ganz entspannen können, in diesen Trance-Zustand hinein."

Schritt 5. B fügt die Suggestion hinzu: „Während Sie angenehm ruhig in der Trance bleiben, werden Sie meine Fragen beantworten können."

Schritt 6. B stellt die folgenden Fragen:

Wie würden Sie auf einer Skala von 1 bis 10, mit 1 als Ihrem entspannten Zustand und 10 als dem tiefsten Trance-Zustand, den Sie sich vorstellen können, Ihre gegenwärtige Trance einstufen?

Während Sie den Übergang vom entspannten Zustand in den Trance-Zustand gemacht haben, wessen waren Sie sich dabei in Ihrem Körper bewußt, welche Körperempfindungen gab es, die Sie wissen ließen, daß Sie auf dem Weg in eine Trance waren?

Und wessen waren Sie sich als nächstes bewußt?

Fahren Sie fort, die Sequenz der Bewußtheit zu verfolgen, inklusive interner visueller und interner/externer auditiver Bewußtheit: A's komplexe Äquivalenz für einen Trance-Zustand.

Schritt 7. Wenn B die betreffenden Muster identifiziert hat, bitten Sie A, sie umzukehren. Nehmen Sie eines nach dem anderen, wiederholen Sie jeweils A's Beschreibung, und bitten Sie ihn, dies eine umzukehren; dann gehen Sie zum nächsten über. Fangen Sie mit dem letzten Aspekt an, der A bewußt wurde, und gehen Sie durch die Sequenz zurück zum Anfang, d.h. zum ersten Aspekt, dessen er sich bewußt war.

A wird in den entspannten Zustand zurückkehren und seine Augen öffnen.

Schritt 8. Bitten Sie A, die Sequenz von Submodalitätsveränderungen zu wiederholen, die mit der Induktion des Trance-Zustandes verbunden waren. Dasselbe haben Sie in der „Droge der Wahl"-Übung gemacht, als Sie der Sequenz des kinästhetischen Bewußtseins folgten.

Schritt 9. B bittet A, diese Trance, wie vorher, auf einer Skala von 1 bis 10 einzustufen. Überprüfen Sie alle Repräsentationssysteme, ob es zusätzliche Submodalitäts-Bewußtheit gibt.

Schritt 10. Wiederholen Sie den Prozeß, wobei Sie die Richtung umkehren, wenn es angemessen ist. Bitten Sie A, die Empfindungen zu intensivieren und die Geschwindigkeit der Bewegung zu erhöhen, bis er schnell und mühelos in die Trance hinein und wieder heraus kommen kann.

Wenn Sie nach und nach den Unterschied zwischen Trance-Einstufungen und zwischen den damit verbundenen Submodalitäten erkennen, können Sie die Tiefe der Trance, die Sie erreichen wollen, vorbestimmen. Mit etwas Übung können Sie recht geschickt darin werden, die Submodalitäten des Wachzustandes in die des Trance-Zustandes zu überführen. Dies ist eine sehr wirksame und schnelle Selbstinduktionstechnik. Bei der Arbeit mit einer anderen Person können Sie die Induktions-Sequenz mit einer Handbewegung und ein oder zwei Schlüsselwörtern ankern, um eine sehr schnelle Induktion zu erreichen. Wenn Sie den Prozeß als Selbstinduktion verwenden, ist es hilfreich, die Trance stufenweise zu vertiefen, die Submodalitäten zu nutzen, um in einen Wachzustand zurückzukehren, und sie dann umzukehren, um sogar noch tiefer zu gehen. Programmieren Sie die selbstinduzierte Trance am Anfang, wenn Sie in einem entspannten Wachzustand sind: setzen Sie einen Zeitrahmen und Ihre Intention für die Trance fest. (Eine detaillierte Erläuterung von Selbsthypnose und Prozeß-Induktionen finden Sie in *Therapie in Trance* von *Bandler & Grinder.*)

Kinästhetische Bestandteile finden sich nicht nur in Trance-Zuständen; jede menschliche Reaktion hat ihre eigene einzigartige kinästhetische Codierung, und das Rhythmus-Muster ist ein bedeutsamer Teil dieses Codes. Rhythmus-

Muster zeigen sich im Atemmuster einer Person, in ihren Gesten, ihrem Gang, ihrem Sprechrhythmus und in ihrem inneren Dialog. Die Art, wie sich die Menschen innerer Rhythmen am meisten bewußt sind, sind die kleinen Bruchstücke des Liedes, das sie sich selbst vorsingen oder das sie in ihren Köpfen hören. Wir trommeln auch mit den Fingern auf den Tisch, klopfen mit den Füßen auf den Boden oder nicken mit dem Kopf. Der Körper ist in der Tat ständig in Bewegung.

Hören Sie für ein oder zwei Minuten auf zu lesen und widmen Sie Ihre Aufmerksamkeit Ihrem eigenen internen Rhythmus in Ihrem gegenwärtigen Bewußtseinszustand. Wenn Sie Schwierigkeiten haben, Ihre Rhythmen zu identifizieren, fangen Sie an, mit den Fingern zu trommeln, und erlauben Sie dem Rhythmus, sich zu entwickeln. Ein andere Möglichkeit, dem näherzukommen, ist, die Aufmerksamkeit auf jeden inneren Dialog zu richten, der aufkommt, und sich dem betreffenden Sprechrhythmus anzupassen. Sobald Sie den internen Rhythmus Ihres gegenwärtigen Zustandes identifiziert haben, erinnern Sie sich bitte an eine Zeit, in der Sie Spaß hatten, an eine Zeit, die wirklich lustig und aufregend war. Was passiert mit Ihrem internen Rhythmus, während Sie Ihren Zustand durch diese erinnerte Lustigkeit und Erregung ändern? Spielen Sie damit, und achten Sie darauf, wie der Rhythmus sich verändert, während Sie sich an eine Zeit erinnern, als Sie traurig waren, als Sie ärgerlich waren, eine Zeit, als Sie erschrocken waren, oder als Sie mit jemandem schliefen.

Der nächste Schritt ist die Entdeckung, daß Sie den Rhythmus bewußt verändern können. D.h., daß Sie ihn schneller oder langsamer machen können, in derselben Art, wie Sie ein inneres Bild heller oder dunkler machen können. Erinnern Sie sich an die Zeit, in der Sie Spaß hatten, und fangen Sie an, den internen Rhythmus schneller zu machen; dann verlangsamen Sie ihn, und achten darauf, wie die Gefühle der Erinnerung bei jeder Veränderung mehr oder weniger intensiv sind. Wie beeinflußt die Geschwindigkeit Ihres Rhythmus das Bild? Untersuchen Sie noch einmal die Submodalitäts-Tranceinduktion, und richten Sie dabei Ihre Aufmerksamkeit speziell auf die Rhythmusveränderungen, die den Trance-Zustand begleiten. Achten Sie darauf, ob Ihnen dies mehr Kontrolle und Flexibilität bei der Veränderung des Bewußtseins gibt.

Dennis O'Connor entwickelte eine Übung, die Ihnen Erfahrung in der Veränderung interner Rhythmen liefert wie auch in der Kalibrierung auf die subtilen Hinweise auf die Rhythmusmuster einer anderen Person.

Übung: Rhythmus-Kalibrierung

In Dreiergruppen, mit A als Klient, B als Programmierer und C als Direktor. Sie stehen in folgender Beziehung zueinander:

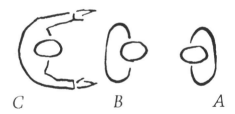

C B A

Schritt 1. A identifiziert seinen inneren Rhythmus und zeigt diesen Rhythmus offen durch Kopfnicken, Fußklopfen, Klopfen auf den Oberschenkel etc. an, um B und C den Rhythmus mitzuteilen.

Schritt 2. C signalisiert A, den Rhythmus schneller oder langsamer werden zu lassen, während B sich auf die externen Veränderungen kalibriert, die mit den Rhythmuswechseln verbunden sind. C soll B Zeit lassen, sich zu kalibrieren, bevor er einen anderen Wechsel signalisiert.

Schritt 3. Wenn B meint, das sie sich auf die Rhythmusanzeichen kalibriert hat, informiert sie A, der mit der bewußten, offenkundigen Äußerung seines Rhythmus aufhört.

Schritt 4. B erzählt A eine Geschichte und paßt dabei den Rhythmus ihrer Stimme an A's internalen Rhythmus an. C signalisiert weiterhin, ob es schneller oder langsamer sein soll.

Falls B es nicht schafft, sich an die Rhythmusveränderungen anzupassen, signalisiert C an A, wieder die offenkundige Äußerung zu wiederholen, bis B eine Chance hat, sich nochmals zu kalibrieren.

Wenn B sechs Rhythmuswechsel fehlerfrei gepaced hat, tauschen Sie die Rollen.

Es ist verblüffend, wie wenig Übung nötig ist, bis man sich an den internen Rhythmus einer anderen Person anpassen kann. Sie werden auch merken, daß Sie dies über eine beträchtliche Entfernung hinweg machen können. In Workshops schicke ich die Leute aus, den Rhythmus von irgend jemandem in einem Restaurant, in einem Park oder an anderen öffentlichen Plätzen zu pacen. Die Mindestentfernung beträgt ca. sechs Meter. Nachdem sie die andere Person gepaced haben, verändern die Workshopteilnehmer dann ihren eigenen Rhythmus so, daß sie von der Person, die sie gepaced haben, eine nachweisbare Reaktion erhalten. Die Ergebnisse sind aufsehenerregend. Wir kommunizieren auf Ebenen, die weit außerhalb unserer bewußten Aufmerksamkeit liegen. Sie können die Rhythmus-Anpassung (rhythmic matching) als Möglichkeit benutzen, um beim Unterrichten Rapport zur Gruppe zu bekommen, oder als pacing- und leading-Muster in der Zwei-Personen-Kommunikation. Bei der Arbeit mit Hypnose wird der Prozeß garantiert jede Induktionstechnik verstärken, falls Sie zuerst den internen Rhythmus der anderen Person pacen und dann anfangen, ihren eigenen Rhythmus zu verlangsamen.

Chris Hall verwendete etwas, was sie „Groovy Swish" nannte. Dies ist im wesentlichen ein „collapse anchors", bei dem interne, auf Musik abgestimmte Rhythmen genutzt werden. Es funktioniert folgendermaßen: Sie denken an irgendeine Einschränkung, der Sie unterliegen, und fangen dann an, ein Musikstück in Ihrem Kopf zu hören, das dazu paßt, wie Sie sich fühlen. Dann verändern Sie die Musik. Die Musik, die Sie hören, stimmt nun damit überein, wie Sie sich in dieser Situation gerne fühlen würden. Es ist hilfreich, sich von jemand anderem den Einsatz für die Veränderung der Musik geben zu lassen. Der Musikrhythmus ist ein Anker für die Einschränkung, und der radikale Wechsel des Musikrhythmus ist ein inhaltsfreier Gegenanker. Es ist ein netter, amüsanter Schritt und so einfach.

Im Moment haben wir, was die Nutzung von kinästhetischen Submodalitäten betrifft, nur mit einem ersten Einstieg begonnen. Was auch immer möglich sein mag, kinästhetische Submodalitätsveränderungen können auf jeden Fall verwendet werden, um die Submodalitätsmuster in anderen Repräsentationssystemen zu verstärken. Egal, ob Sie das Swish-Muster verwenden, Submodalitäten für eine Trance-Induktion nutzen oder einfach eine Person dazu bringen, eine Reihe von Submodalitäten durch eine andere zu ersetzen, immer bietet der Einbezug von Körperempfindungen eine wirkungsvollere Veränderung der internen Zustände. Für einige Menschen mit einer stark entwickelten Kinästhetik ist der visuelle Swish schwierig. In diesen Fällen verwenden Sie die Kinästhetik als Mittel, mit dem sie Zugang zu den visuellen Teilen ihres Erlebens bekommen. Die Menschen werden oftmals ein Bild ohne auditiven Anteil beschreiben, aber es gibt immer kinästhetische Begleiterscheinungen, die genutzt werden können, um die Veränderungen, die sie machen, zu verstärken.

Anhang

Zuweilen reagieren wir auf ein Ereignis in der gegenwärtigen Welt mit einer so massiven Überreaktion, daß sie keinen Sinn mehr ergibt. Ich arbeitete in einem Workshop mit einer Frau, die gebeten worden war, Mitarbeitern gegenüber ein Projekt darzustellen, bei dem sie beteiligt gewesen war. Sie ist eine qualifizierte und kompetente Frau, die all die notwendigen Informationen hatte, um den Vortrag halten zu können. Und zwar nicht ganz in Form einer Rede; es sollte vielmehr ein mündlicher Bericht über ihr Projekt sein. Sie berichtete über das Erlebnis, daß sie fünf oder sechs Leute erwartet hatte und überrascht war, als ein Dutzend kam, um zu hören, was sie zu sagen hatte. Sie war vor Lampenfieber wie vor den Kopf geschlagen und konnte kaum sprechen. Das Einzige, was sie tun konnte, war, ihre Aufzeichnungen abzulesen, ohne auch nur einmal aufzuschauen.

Ich machte eine Demonstration des Swish-Musters, das dafür geeignet zu sein schien. Wir fingen mit einem großen Bild an, das zeigte, was sie in dem Moment gerade sah, und mit einem kleinen Bild in der Ecke, in dem sie sich selbst sah, wie sie in der Situation in der Art reagierte, wie sie wollte – die Standard-Swish-Technik. Ich war mit ihrer Reaktion nicht zufrieden und sagte: „Warum übernehmen Sie nicht die Leitung? Ich bin sicher, daß die Leute Fragen zu Ihrem Erlebnis haben." Ich verließ den Raum und beobachtete, was passierte. Es war etwas besser als das frühere Lampenfieber, das sie beschrieben hatte, aber nicht viel. Warum gelang der Swish nicht? Alles schien zu passen, aber es mußte wohl noch ein Stück fehlen.

Ich kam in den Raum zurück und fing an, über alte Bilder zu sprechen, die herumhängen und von Dingen angestoßen werden, die sich in der Gegenwart ereignen. Diese alten

Erinnerungen haben Bilder, die so dunkel sind, daß sie nicht gesehen werden und unbewußt bleiben, aber sie führen zu einer Reaktion, die keinen Sinn ergibt. Wir reagieren weniger darauf, was in der Gegenwart passiert, als darauf, was sich in der Vergangenheit ereignete. Es ist fast wie eine phobische Reaktion, und die Erinnerung bleibt unbewußt. Es ist, als ob die Bilder übereinanderliegen – ein Bild über dem anderen.

Ich fuhr fort, über die Möglichkeiten von Erinnerungsbildern zu sprechen, die unbewußt bleiben und über die Notwendigkeit, dieses Bild heller zu machen und die Aufmerksamkeit darauf zu lenken, so daß man direkt auf die Erinnerung reagieren könnte. Plötzlich sagte sie: „Ich habe mich gerade an eine Zeit erinnert, als ich drei Jahre alt war und im Hause meiner Eltern ein großes Fest stattfand. Irgend jemand hob mich auf einen Kartentisch, und ich sollte singen. Alle Erwachsenen standen um mich herum, lachten und deuteten auf mich. Es war schrecklich." Da wir Swish-Muster demonstrierten, machten wir einen Swish von dem Bild der lachenden und auf sie deutenden Erwachsenen zu einem Bild, in dem sie sich selbst als Dreijährige sah, wie sie in einer geeigneten Weise reagierte. Dann gingen wir zurück zu der Szene in ihrem Büro und machten damit denselben Swish, wie wir es ursprünglich gemacht hatten. Sie zeigte diesmal eine andere Reaktion, und als ich den Raum verließ, blieb sie in einem recht guten, ruhigen Zustand vor fünfunddreißig Leuten sitzen, beschrieb, was sich gerade ereignet hatte und beantwortete ihre Fragen.

Später erzählte sie uns, daß sie beim ersten Swish-Versuch in die Gruppe von Leuten bei ihrem Vortrag im Büro keine Gesichter bringen konnte, und daß sie ihrem Selbstbild, das die Veränderungen schon gemacht hatte, die sie machen wollte, keinen Kopf aufsetzen konnte. Nachdem sie mit der Erinnerung an die Dreijährige gearbeitet hatte, konnte sie bei den Leuten in ihrem Büro Gesichter sehen und einen Kopf bei ihrem Selbstbild, das in einer Weise reagierte, die sie mochte. Seitdem hat sie voller Freude etliche Workshops über ihr Erfahrungsgebiet geleitet.

Eine Beeinträchtigung des Gedächtnisbildes des Erlebnisses, mit dem eine Person zu arbeiten versucht, scheint charakteristisch für das Doppelbild. In einigen Fällen ist es einer Person, die die Fähigkeit gezeigt hat, Submodalitätsveränderungen bei Gedächtnisbildern vorzunehmen, nicht möglich, eine bestimmte Erinnerung zu verändern. Einer meiner Klienten, der ein talentierter abstrakter Maler ist, beschrieb ein Erlebnis, bei dem er einige Bilder zu einem Photographen brachte, um sie photographieren zu lassen, bevor er sie zu einer Ausstellung schickte. Was ihn störte, war die Tatsache, daß er fünfunddreißig Minuten brauchte, bis er „letztlich die Nerven dazu hatte", dem Photographen mitzuteilen, daß die Bilder auf dem Kopf standen. Wie er sagte, es ergibt keinen Sinn. Es ergibt für den vernunftbegabten, rational denkenden Erwachsenen, der im Studio des Photographen steht, keinen Sinn, aber es ergibt irgendwo anders einen Sinn. Das Bild im Studio des Photographen schien fest, und er konnte keine Submodalitätsveränderungen erreichen. Da er das Swish-Muster bei anderen Erfahrungen recht erfolgreich angewendet hatte, war die Annahme widerlegt, daß er Schwierigkeiten beim Visualisieren haben könnte.

Ich fing an, von übereinanderliegenden Bildern zu sprechen, von alten Erinnerungen mit Bildern, die so dunkel sind, daß sie nicht gesehen werden können, und die die Bilder von kürzlich geschehenen Ereignissen verzerren können. Es war eine ähnliche Geschichte wie bei der Frau, die Lampenfieber hatte. Er erinnerte sich plötzlich an ein Erlebnis, als er als Zweijähriger zur Strafe in einer Kammer eingesperrt worden war. In diesem Fall war die Erinnerung in der Tat dunkel, aber als er sich wieder an das Erlebnis erinnerte, konnte er Licht im unteren Türspalt und in den

Ritzen sehen und vage Umrisse der Gegenstände in der Kammer erkennen.

Wir verwendeten Robert Dilts' Reimprinting-Interventionsmuster bei der Erinnerung an den Zweijährigen. Als wir zum Erlebnis im Studio des Photographen zurückkehrten, gab es eine plötzliche Veränderung der Helligkeit des Bildes, und er konnte recht flexibel andere Submodalitätsveränderungen vornehmen.

Eine Möglichkeit, die ein ergiebiges Forschungsgebiet abgäbe, ist, daß die Person, die eine Depression durchmacht, sich durch einen Schutzschirm eines alten, unbewußten Bildes erinnert. Eines der interessanten Dinge bei Menschen mit Depressionen ist, daß sie eine schöne Zeit als solche erleben können, aber wenn sie auch nur ein paar Stunden später daran zurückdenken, können sie sich nicht an die guten Gefühle erinnern. Irgend etwas gerät zwischen sie und ihre Erinnerung an kurz zurückliegende Ereignisse. In einem Workshop war einmal eine Frau, die vor der Mittagspause zusammen mit anderen Leuten lachte und scherzte. Als sie nach dem Essen zurückkehrte, wurde sie gefragt, ob sie einen schönen Vormittag gehabt hatte. Sie dachte darüber nach und sagte: „Na ja, ihr hattet einen schönen Vormittag." Obwohl sie chronisch depressiv war, konnte sie sich trotzdem vergnügen. Was sie nicht tun konnte, war, sich an die schöne Zeit zu erinnern.

Einige Menschen erleben spontane Submodalitätsveränderungen in ihrer Wahrnehmung der äußeren Welt. Ich hatte einen Klienten, der eine siebenjährige Vergangenheit katatoner Episoden hatte. Als erstes wollte ich wissen, wie er herauskam. Ich wollte nicht mit jemandem arbeiten, der im Innern verschwand, ohne einen Weg zu haben, ihn wieder herauszubekommen. Er sagte: „Ich war im Krankenhaus und konnte mich nicht bewegen. Ich hatte starke Schmerzen, weil mein Hals nach einer Seite verdreht war. Dann fing der eine Pfleger an, mit Gummiringen auf mich zu schießen. Ich dachte, ich bin doch krank und er gesund, und ich wurde wirklich stockstauer und sagte ihm, was ich von ihm hielt." Ich meinte: „Sie sollten dem Menschen eine Schachtel Zigarren kaufen, weil er Sie wütend genug gemacht hat, um Sie heraus zu bekommen. Und bevor wir weitermachen, werde ich eine ganze Kiste voller Gummiringe holen, und falls Sie nicht herauskommen, wenn ich es sage ..., zapp, geradewegs in die Visage." So hatten wir unseren Spaß und einen guten Anker.

Die nächste Frage war, wie er hineinkam. Er sagte: „Irgendwie entrücke ich." Was ihm passierte, war, daß sein Gesichtsfeld sich verengte, dunkler und unscharf wurde. Dann begann er, in das dunkle, verschwommene Bild hinein zu halluzinieren. Seine Welt begann sich mit schaurigen Ungeheuern zu bevölkern. Wenn er das tat, sah er merkwürdig aus, weil er bewegungslos wurde, mit offenem Mund und starrem Blick. Es passierte ihm ganz plötzlich in der Öffentlichkeit, was andere Menschen wie z.B. Kellnerinnen erschreckte, die die Polizei riefen. Dann geschah es, daß er einen Angriff der schaurigen Ungeheuer erlebte, wenn der Polizist ihn schüttelte und fragte, was los sei. Das erschreckte ihn so sehr, daß er nicht herauskommen konnte. Und dann kam er wieder ins Krankenhaus.

Ich ließ es ihn bewußt wiederholen. Er war gut in Form und es dauerte nur ungefähr eine Minute, bis ich zu einem schaurigen Ungeheuer wurde. Ich bat ihn, sich umzuschauen und einen Knopf zu suchen, wie an einem Fernseher. Dieser Knopf regulierte den Blickwinkel, die Helligkeit und die Bildschärfe. Er nickte, um anzuzeigen, daß er solch einen Knopf gefunden hatte, und ich bat ihn, ihn noch mehr herum zu drehen, aber nicht ganz bis ins Schwarze. Dann bat ich ihn, ihn andersherum zu drehen, so daß das, was er sah, breiter, heller und schärfer wurde, während er fortfuhr, den Knopf zu drehen. Plötzlich sagte er: „Wow. Ich kam raus." Ich meinte: „Großartig, gehen Sie zurück hinein."

Wir übten das ungefähr zwanzig Minuten. Er genoß es so sehr, daß er sich entschloß, seinen Knopf mit einer Gradeinteilung zu versehen; er konnte einige sehr subtile Unterscheidungen treffen, in dem Ausmaß, in dem er seine Wahrnehmungen veränderte. Schließlich sagte ich: „Schauen Sie, wenn es für Sie in irgendeiner Weise nützlich ist, in diesen Zustand zu gehen, dann gehen Sie auf alle Fälle hinein. Wichtig ist für mich, daß Sie die Kontrolle über sich haben." Ich sah ihn nach zwei Wochen wieder und er berichtete von einigen Vorfällen, wo er fähig gewesen war, sich selbst in geeigneter Weise zurückzubringen. Einen Monat später erzählte er mir: „Es ist interessant, ich muß das nicht mehr machen."

JUNFERMANN VERLAG

Neurolinguistisches Programmieren

Connirae & Steve Andreas
Mit Herz und Verstand
NLP für alle Fälle
3. Aufl. 1997, 460 S., kart.
DM 49,80, Fr 46,–, ÖS 364,–, EUR 25,46
ISBN 3-87387-065-7

Dieses Buch repräsentiert einen neuen Typ von NLP-Büchern. Im Zentrum stehen Fallgeschichten – Schilderungen von erfolgreichen NLP-Therapiesitzungen mit nachfolgenden Befragungen in bezug auf ihre Effektivität.

Connirae & Tamara Andreas
Der Weg zur inneren Quelle
2. Aufl. 1997, 360 S., kart.
DM 44,–, Fr 41,–, ÖS 321,–, EUR 22,50
ISBN 3-87387-140-8

Dieses Buch lädt den Leser dazu ein, die Verhaltensweisen zu identifizieren, die er an sich selbst am wenigsten mag, um sich mit ihrer Hilfe auf eine erstaunlich heilende und erhebende innere Reise – die den Namen Core-Transformation-Prozeß trägt – in die Tiefen des Seins zu begeben.

Steve Andreas
**Virginia Satir –
Muster ihres Zaubers**
1994, 206 S., kart.
DM 38,–, Fr 35,–, ÖS 277,–, EUR 19,43
ISBN 3-87387-094-0

Im ersten Abschnitt des Buches werden Techniken und Ideen, die Virginia Satir benutzte, beschrieben. Der darauf folgende Abschnitt besteht aus einem mit zahlreichen Anmerkungen versehenen Transkript.
Steve Andreas Kommentare verdeutlichen die Subtilität, die Präzision und die Weisheit des Satirschen Vorgehens.

Steve Andreas, Charles Faulkner
Praxiskurs NLP
2. Aufl. 1997, 392 S., kart.
DM 49,80, Fr 46,–, ÖS 364,–, EUR 25,46
ISBN 3-87387-335-4

In diesem Buch werden Sie lernen, Ihre Gedanken, Handlungen, Gefühle und Ihre Gewohnheiten in weniger als einer Stunde zu verändern, auch wenn Sie sich bereits seit Jahren erfolglos darum bemüht haben. Sie erlernen einige der beliebtesten Methoden, mit deren Hilfe NLP-Praktiker Veränderungen herbeiführen.

Winfried Bachmann
Das neue Lernen
Eine systematische Einführung
in das Konzept des NLP
4. Aufl. 1999, 320 S., kart.
DM 39,80, Fr 37,–, ÖS 291,–, EUR 20,35
ISBN 3-87387-040-1

Das Buch wendet sich an alle, die für ihre berufliche Praxis oder ihr persönliches Weiterkommen mehr über die wissenschaftlichen „Hintergründe" des NLP erfahren möchten.
„NLP ist ein großartiges Werkzeug."
– *Virginia Satir*

www.junfermann.de

Winfried Bachmann
NLP – Wie geht denn das?
3. Aufl. 1997, 156 S., kart.
DM 19,80, Fr 19,–, ÖS 145,–, EUR 10,12
ISBN 3-87387-141-6

„NLP – wie geht denn das?" bietet eine neuartige Zugangsweise zum NLP und Selbstmanagement, indem es fragenorientiert konzipiert ist ... und dadurch extrem gehirnfreundlich.

Winfried & Fiona Bachmann
Im Team zum Ziel
1997, 192 S., kart.
DM 34,80, Fr 32,50–, ÖS 254,–, EUR 17,79
ISBN 3-87387-340-0

Die Autoren beabsichtigen, das Zusammenspiel in Organisationen mit Hilfe des Konzepts der *Lernenden Organisation* aus organisationstheoretischer Perspektive und mit Hilfe des *Neurolinguistischen Programmierens* als Lern- und Kommunikationsmodell aus individueller Sicht zu untersuchen, zu fördern und zu entwickeln.

Richard Bandler
„Bitte verändern Sie sich ... jetzt!"
Transkripte meisterhafter NLP-Sitzungen
3. Aufl. 1998, 300 S., kart.
DM 44,–, Fr 41,–, ÖS 321,–, EUR 22,50
ISBN 3-87387-020-7

Dieses Buch veranschaulicht in wörtlich transkribierten Kurz-Therapiesitzungen das effektive und elegante Vorgehen dieses „gierigen Agenten der Veränderung" (Bandler über Bandler).

Richard Bandler
Unbändige Motivation
Angewandte Neurodynamik
1997, 148 S., kart.
DM 29,80, Fr 27,50, ÖS 218,–, EUR 15,24
ISBN 3-87387-362-1

In diesem neuen Buch des NLP-Mitbegründers Richard Bandler geht es darum, individuelle Kontrolle über den eigenen Zustand und das eigene Bewußtsein zu gewinnen und anderen Menschen die gleiche Art von Kontrolle vermitteln zu können. Hypnosetechniken spielen bei dieser Arbeit eine wesentliche Rolle. Die in diesem Buch vorgestellten Techniken und Übungen sind sehr effizient und führen in kurzer Zeit zu nachhaltigen Ergebnissen.

Richard Bandler
Veränderung des subjektiven Erlebens
5. Aufl. 1995, 188 S., kart.
DM 32,80, Fr 30,50, ÖS 239,–, EUR 16,77
ISBN 3-87387-271-4

Mit einer für das NLP charakteristischen Leichtigkeit und Nachvollziehbarkeit wird der psychotherapeutische Umgang mit Submodalitäten, den Feinunterscheidungen der Sinneswahrnehmung, systematisch und exemplarisch vorgeführt.

Richard Bandler, Paul Donner
Die Schatztruhe
3. Aufl. 1999, 324 S., kart.
DM 49,80, Fr 46,–, ÖS 364,–, EUR 25,46
ISBN 3-87387-127-0

Powervolle Personen nutzen gezielt erinnerte Ressource-Zustände aus ihrer Vergangenheit, um immer größere Herausforderungen zu meistern. Davon handelt dieses Buch.

www.junfermann.de

Richard Bandler, John Grinder
Metasprache & Psychotherapie
Struktur der Magie I
9. Aufl. 1998, 224 S., kart.
DM 38,–, Fr 35,–, ÖS 277,–, EUR 19,43
ISBN 3-87387-186-6

Bandler und Grinder haben eine Beschreibung der vorhersagbaren Elemente gefunden, die in der Transaktion zwischen zwei Menschen eine Veränderung geschehen lassen.

Richard Bandler, John Grinder
Kommunikation & Veränderung
Die Struktur der Magie II
7. Aufl. 1997, 212 S., kart.
DM 38,–, Fr 35,–, ÖS 277,–, EUR 19,43
ISBN 3-87387-187-4

Ergänzend werden in diesem Band einige wichtige Kommunikationsmuster aufgezeigt, z.T. mit Rückgriff auf Virginia Satir und Gregory Bateson, und es werden verschiedene Anwendungsbereiche des NLP dargestellt.

Richard Bandler, John Grinder
Neue Wege der Kurzzeit-Therapie
12. Aufl. 1997, 234 S., kart.
DM 38,–, Fr 35,–, ÖS 277,–, EUR 19,43
ISBN 3-87387-193-9

Dieses Modell therapeutischer Veränderung wurde von Bandler und Grinder auf der Grundlage einer systematischen Beobachtung der therapeutisch-kommunikativen Fertigkeiten von Virginia Satir, Milton Erickson und Fritz Perls entwickelt. Das Buch ist eine dichte und praxisnahe Einführung in das NLP.

Richard Bandler, John Grinder
Patterns
1996, 272 S., kart.
DM 49,80, Fr 46,–, ÖS 364,–, EUR 25,46
ISBN 3-87387-139-4

Die Autoren möchten mit diesem Band einige der Muster in Ericksons Hypnosearbeit vorstellen. Sie möchten den Lesern auf eine leicht erlernbare Weise, Schritt für Schritt, ein explizites Modell anbieten, das ihnen diese Fertigkeiten in ihrer eigenen Arbeit zur Verfügung stellen wird.

Richard Bandler, John Grinder
Reframing
Ein ökologischer Ansatz in der Psychotherapie (NLP)
6. Aufl. 1995, 244 S., kart.
DM 38,–, Fr 35,–, ÖS 277,–, EUR 19,43
ISBN 3-87387-228-5

Das „Reframing" (Umdeuten) ist eine zentrale Methode des NLP: Eine problematische Verhaltensweise wird in einen anderen Zusammenhang gestellt und erfährt dadurch für die betreffende Person eine neue Bedeutung und wird damit zu einem wesentlichen Bestandteil des Veränderungsprozesses des Klienten.

Richard Bandler, John La Valle
Die Schatzkammer des Erfolgs
Nutze deine natürliche Fähigkeit zu überzeugen
1998, 220 S., kart.
DM 44,–, Fr 41,–, ÖS 321,–, EUR 22,50
ISBN 3-87387-380-X

In diesem Buch stellen die Autoren einige der grundlegenden Techniken und eine Reihe der fortgeschrittenen Fähigkeiten vor, die von den besten Verkäufern täglich angewandt werden. Die für sie alles entscheidende Frage im Verkaufsprozeß läßt sich dabei auf den Punkt reduzieren, ob man verkaufen will oder nicht.

Richard Bandler & John La Valle
Die Schatzkammer des Erfolgs
Nutze deine natürliche Fähigkeit zu überzeugen
Ein Trainingskurs für Verkäufer & Manager

Diana Beaver
Locker lernen
1996, 256 S., Illustr., kart.
DM 39,80, Fr 37,–, ÖS 291,–, EUR 20,35
ISBN 3-87387-305-2

Lernen kann nicht funktionieren, wenn nicht die Gehirne, die Körper und die Herzen in lernfroher Bereitschaft sind. In diesem Buch wird NLP mit Wissen und Ideen aus dem Mentalen Training und der Lernforschung vernetzt.

Eva Becker
Ich sehe deine Sprache, wenn du schweigst
Aphasietherapie und NLP
1993, 322 S., kart.
DM 44,–, Fr 41,–, ÖS 321,–, EUR 22,50
ISBN 3-87387-100-9

Das Buch bietet ein Modell ganzheitlicher Sprachtherapie bei Aphasien (Sprachstörungen nach Hirnschädigungen). Ein aus dem NLP und dem Deblockierungsphänomen entwickeltes Sprachspeicherungsmodell ist die Grundlage für einen Therapieansatz, der verbale und nonverbale Anteile der Sprache mit einbezieht.

Maria Beyer
BrainLand
Mind Mapping in Action
3. Aufl. 1997, 164 S., geb.
DM 44,–, Fr 41,–, ÖS 321,–, EUR 22,50
ISBN 3-87387-101-7

Mit BrainLand ist es der Autorin gelungen, die Lücke jener anwendungsfreundlichen Lern-Literatur über Mind Mapping, das mit anderen Neuro-Modellen wie dem NLP oder Mentalem Training verbunden wird, zu füllen.

Maria M. Beyer
Power Line
2. Aufl. 1994, 252 S., geb.
DM 39,80, Fr 37,–, ÖS 291,–, EUR 20,35
ISBN 3-87387-077-0

Ungünstige Steuerprogramme, die menschliches Verhalten einleiten, tragen erheblich dazu bei, daß die daraus resultierenden Denk- und Handlungsstrategien zu Erfolglosigkeit, Unmotiviertheit, Übergewicht oder dem Gefühl einer beruflichen Überforderung führen. Blockaden dieser Art lassen sich durch dieses Neu-Programmierungskonzept zuverlässig lösen. SIE erleben dabei schrittweise Strategien des Advanced NLP, des Mind Mapping und des Mentalen Trainings.

Daniela Blickhan
Mit Kindern wachsen
NLP im Alltag
2. Aufl. 1996, 326 S., kart.
DM 34,80, Fr 32,50, ÖS 254,–, EUR 17,79
ISBN 3-87387-142-4

Teil A dieses Buches ist für die Eltern, die damit eine Grundlage für sich selbst schaffen können. **Teil B** ist für Eltern und Kinder gemeinsam. Wie können sie so miteinander umgehen, daß die Bedürfnisse und Absichten aller berücksichtigt werden?

Bob G. Bodenhamer, L. Michael Hall
Time-Lining
Muster, um „Zeit" neu zu erleben
ca. 280 S., kart.
ca. DM 44,–, Fr 41,–, ÖS 321, –, EUR 22,50
ISBN 3-87387-399-0

Die Vorstellung von Zeit auf einer Linie gibt es schon die ganze Menschheitsgeschichte hindurch. *Time-Lining* ist in vielerlei Hinsicht einzigartig. Erstens erörtert es Zeit im größeren Kontext von Philosophie und Allgemeiner Semantik. Zweitens bietet es eine tiefgehende Diskussion über Time Lines und ihre Anwendungen. Drittens erweitert es den Bereich der Time Lines und leistet einen neuen, bedeutenden Beitrag auf diesem Gebiet.

Charlotte Bretto et al. (Hrsg.)
Die Kunst des Heilens und der Veränderung
1997, 296 S., kart.
DM 44,–, Fr 41,–, ÖS 321,–, EUR 22,50
ISBN 3-87387-313-3

Die Beiträge, aus denen sich dieser Sammelband zusammensetzt, sind Berichte von engagierten Anwendern der Kunst des NLP. Es handelt sich dabei nicht um distanzierte, leidenschaftslose Darstellungen der besten Leistungen, deren diese Anwender fähig sind, sondern um Berichte von Menschen, die mit Hilfe von NLP eine Verbesserung der Lebensqualität erreichen möchten.

Manuela Brinkmann
Unterwegs zur Vollkommenheit
2. Aufl. 1991, 200 S., kart.
DM 34,80, Fr 32,50, ÖS 254,–, EUR 17,79
ISBN 3-87387-013-4

Erstmalig werden in diesem Buch die Möglichkeiten der Kombination von NLP als Psychotherapie und Rolfing als Körpertherapie ausführlich erörtert und zur Diskussion gestellt.

Leslie Cameron-Bandler
Wieder zusammenfinden
7. Aufl. 1997, 179 S., kart.
DM 34,–, Fr 31,50, ÖS 248,–, EUR 17,38
ISBN 3-87387-205-6

Die Autorin gibt einen umfassenden Einblick in die Anwendungsmöglichkeiten der effektiven therapeutischen Veränderungstechniken des NLP im Bereich der Sexual- und Paartherapie.

L. Cameron-Bandler, M. Lebeau
Die Intelligenz der Gefühle
3. Aufl. 1997, 288 S., kart.
DM 39,80, Fr 37,–, ÖS 291,–, EUR 20,35
ISBN 3-87387-014-2

Die Autoren stellen in ihrem Buch ein präzises und praktisches Strukturmodell der Gefühle vor und zeigen anhand einer Fülle von Beispielen und Übungen, wie durch seine Anwendung die Qualität, die Vielfalt und auch die Intensität emotionaler Erfahrungen gezielt erhöht werden kann.

Leslie Cameron-Bandler, David Gordon, Michael Lebeau
Muster-Lösungen
1992, 308 S., kart.
DM 39,80, Fr 37,–, ÖS 291,–, EUR 20,35
ISBN 3-87387-075-4

Die Autoren haben vor nicht sehr langer Zeit eine „Sprache des Gehirns" entdeckt und darauf aufbauend eine neue Methodologie entwickelt, aus der sich Methoden und Formate ableiten lassen, die jeder nutzen kann, um aus der Schatztruhe mentaler Ressourcen zu schöpfen.

Leslie Cameron-Bandler, David Gordon, Michael Lebeau
Die EMPRINT-Methode
Ein Handbuch zum Ressourcen- und Kompetenztraining
1995, 336 S., kart.
DM 44,–, Fr 41,–, ÖS 321,–, EUR 22,50
ISBN 3-87387-125-4

Die Schätze an menschlicher Erfahrung, die nur darauf warten geborgen zu werden, sind größer und zahlreicher als wir uns gegenwärtig vorstellen können. Ob diese Schätze tatsächlich geborgen werden, hängt davon ab, ob wir erkennen, daß es sie gibt und ob es uns gelingt, ein Verfahren zu entwickeln, mit dem diese Erfahrungen beschrieben und übertragen werden können.

Sally Chamberlaine, Jan Prince
Schritt für Schritt in die Unabhängigkeit
1998, 240 S., kart.
DM 39,80, Fr 37,–, ÖS 291,–, EUR 20,35
ISBN 3-87387-366-4

Die Prozesse, die in diesem Buch verwendet werden, entstammen dem NLP. NLP kann in jedem psychologischen Rahmen bequem ge-

nutzt werden. Jede der angeführten Strategien wurde erfolgreich in Einzel- und Gruppenarbeit angewandt. Das Verfahren vollbringt keine Wunder, aber es wird Therapeuten und Beratern dabei helfen, Klienten auf ihrem Weg in die Unabhängigkeit schneller voranzubringen als andere Verfahren.

Shelle Rose Charvet
Wort sei Dank
Von der Anwendung und Wirkung effektiver Sprachmuster
1998, 256 S., kart.
DM 44,–, Fr 41,–, ÖS 321,–, EUR 22,50
ISBN 3-87387-370-2

Dieses Buch enthält eine Fülle praktischer, konkreter Anwendungsmöglichkeiten für alle diejenigen, die das Verhalten anderer verstehen und beeinflussen müssen, um beruflichen Erfolg zu haben.
Das in diesem Buch vorgestellte *LAB Profile* besteht aus einer Reihe von Unterscheidungen, mit denen Menschen ihre Augen und Ohren schulen können, um bestimmte Dinge wahrzunehmen, die sie vorher möglicherweise nicht beachtet hätten.

Shelle Rose Charvet
Wort sei Dank
Von der Anwendung und Wirkung effektiver Sprachmuster

Angewandtes NLP

D.K. Chong, J.K. Smith-Chong
Frag nicht warum ...
NLP-Grundlagenarbeit
1995, 228 S., kart.
DM 32,–, Fr 29,50, ÖS 234,–, EUR 16,36
ISBN 3-87387-145-9

„In diesem Buch tun Dennis und Jennifer etwas, das bisher nur sehr wenige gewagt haben. Sie verlassen den sicheren Bereich unserer Erfahrungen und machen sich daran, den Aktionsradius der menschlichen Fähigkeiten zu erweitern. Ohne solche Vorstöße würden wir nie erfahren, was jenseits unseres derzeitigen Horizonts liegt."
– *David Gordon*

Robert Dilts
Einstein
Geniale Denkstrukturen und NLP
2. Aufl. 1994, 184 S., geb.
DM 36,–, Fr 33,–, ÖS 263,–, EUR 18,41
ISBN 3-87387-084-3

Was hat uns ein Mensch wie Einstein zu sagen? Was können wir von ihm lernen? Beruhte seine Genialität möglicherweise auf einer besonderen Art zu denken, auf einem Prozeß, den auch andere erlernen können? Dies genau ist das Thema, das Dilts anhand des Phänomens Einstein untersucht.

Robert Dilts
Kommunikation in Gruppen & Teams
Lehren und Lernen effektiver Präsentationstechniken
1997, 248 S., kart.
DM 44,–, Fr 41,–, ÖS 321,–, EUR 22,50
ISBN 3-87387-320-6

Das Material zu diesem Buch entstammt einem Seminarsystem, das für ein großes europäisches Unternehmen entwickelt wurde. Ziel der Seminare war, dieses Unternehmen zu einer „Lernenden Organisation" zu machen. Die grundlegenden Zielsetzungen dieses Buches sind, allgemeine Prinzipien und Voraussetzungen für die Entwicklung und Durchführung effektiver Präsentationen herauszuarbeiten und gleichzeitig Unterscheidungskriterien und Arbeitsmodelle bereitzustellen, die Bewußtheit und Flexibilität beim Umgang mit den verschiedensten Lernaufgaben, Lernstilen und Lernzusammenhängen fördern.

Robert Dilts
Identität, Glaubenssysteme und Gesundheit
NLP-Veränderungsarbeit
3. Aufl. 1998, 228 S., kart.
DM 38,–, Fr 35,–, ÖS 277,–, EUR 19,43
ISBN 3-87387-030-4

Dilts vermittelt in diesem Buch die von ihm entwickelten praktischen Vorgehensweisen für den Umgang mit einem in den bisherigen NLP-Ansätzen noch vernachlässigten Thema: Wie kann man auf der Identitätsebene und auf der Ebene von Glaubenssätzen und Glaubensüberzeugungen psychotherapeutisch mit „somatischen" Krankheitsbildern arbeiten.

Robert Dilts
Die Veränderung von Glaubenssystemen
2. Aufl. 1999, 236 S., kart.
DM 38,–, Fr 35,–, ÖS 277,–, EUR 19,43
ISBN 3-87387-068-1

Dilts stellt im diesem Buch die NLP-"Glaubensarbeit" im Lichte anderer Konzepte (wie z.B. das der "Neurologischen Ebenen") und Überlegungen (Zusammenhang von Glaubenssystemen und sozialen Beziehungen) dar. Damit leistet er einen weiteren wertvollen Beitrag zum tieferen Verständnis dieser Glauben-Veränderungs-Techniken des NLP.

Robert Dilts
Modeling mit NLP
Das Trainingshandbuch zum NLP-Modeling-Prozeß
1999, ca. 300 S., kart.
ca. DM 44,–, Fr 41,–, ÖS 321,–, EUR 22,50
ISBN 3-87387-412-1

Der erste Teil dieses Buches ist der Definition der Prinzipien und Werkzeuge gewidmet, die für erfolgreiches Modeling notwendig sind: der Epistemologie, der Methodik und Technologie des NLP. Der zweite Teil des Buches konzentriert sich auf die Anwendung von NLP-Modeling-Verfahren. Es werden Beispiele dafür angeführt, wie NLP angewendet wurde, um bestimmte kognitive, linguistische und verhaltensspezifische Fertigkeiten zu identifizieren, die von Führungspersönlichkeiten eingesetzt wurden, um herausfordernde Situationen zu meistern.

R. Dilts, R. Bandler, J. Grinder
Strukturen subjektiver Erfahrung
Ihre Erforschung und Veränderung durch NLP
5. Aufl. 1994, 291 S., kart.
DM 39,80, Fr 37,–, ÖS 291,–, EUR 20,35
ISBN 3-87387-229-3

Neben einer gründlichen Einführung in das NLP-Strategiemodell finden sich in diesem Buch eine Fülle von praxisrelevanten Beispielen strategieverändernder Interventionsmuster.

Robert Dilts
Von der Vision zur Aktion
Visionäre Führungskunst
1998, 272 S., kart.
DM 48,– Fr 44,50, ÖS 350,–, EUR 25,54
ISBN 3-87387-365-6

Dieses Buch untersucht einige der wesentlichen Fähigkeiten und Werkzeuge, die erforderlich sind, um Veränderungen zu bewirken und "eine Welt zu erschaffen, der die Menschen zugehören wollen" – die Fähigkeiten und Werkzeuge "Visionärer Führungskunst". Zu diesen Fähigkeiten gehört Selbsterfahrung ebenso wie Interaktion mit anderen.

Robert Dilts, Robert McDonald
Und dann geschieht ein Wunder...
Tools of the Spirit

www.junfermann.de

1998, 260 S., kart.
DM 44,–, Fr 41,–, ÖS 321,–, EUR 22,50
ISBN 3-87387-391-5

„Tools of the Spirit" ist ein Buch, das davon handelt, wie wir unsere Beziehungen zu den größeren Systemen, zu denen wir gehören, verstehen und stärken können. Die Autoren arbeiten heraus, in welcher Weise die Modelle und Werkzeuge des NLP dazu beitragen könnten, ein besseres Gefühl dafür zu bekommen, was man allgemein als „spirituelle Verbindung" und „Ganzheit" bezeichnet.

Robert Dilts & Gino Bonissone
Zukunftstechniken
... zur Leistungssteigerung und für das Management von Veränderungen
1999, ca. 400 S., kart.
DM 49,80, Fr 46,–, ÖS 364,–, EUR 25,46
ISBN 3-87387-417-2

Mit diesem Buch verfolgen die Autoren die Absicht, Modelle und Werkzeuge zur Verfügung zu stellen, mit denen sich der Prozeß der Kreativität sowohl auf Mikro- wie Makroebene definieren und managen läßt. Die Mikro-Aspekte von Kreativität schließen die Gedanken und subjektiven Erfahrungen ein, welche die Grundlage der kreativen Aktivitäten jedes Einzelnen bilden. Die Makro-Aspekte von Kreativität beziehen sich auf (a) die Verbesserung der kreativen Interaktion zwischen zwei oder mehr Menschen und (b) auf die Folgewirkungen kreativer Prozesse im Kontext von Unternehmen und organisatorischen Problemlösungen.

Katja Dyckhoff, Klaus Grochowiak
Der Neugier-Erfolgs-Loop
Eine Lern- und Motivationsstrategie, die zu kontinuierlichem Erfolgsverhalten führt
Buch mit einliegender CD
1996, 88 S., kart.
DM 44,–, Fr 41,–, ÖS 321,–, EUR 22,50
ISBN 3-87387-314-1

Dieses Buch handelt von Erfolg – von Neugierde, Ernüchterung und Ausdauer. Von Phasen, die man zwangsläufig auf dem Weg zum Erfolg durchlebt!
Das Buch und die beiliegende CD liefern den Lesern/Hörern das nötige Handwerkszeug, um jede der vier Phasen mit ruhiger Gelassenheit und Freude zu erleben und sich somit eine Motivations- und Lernstrategie von hoher Effizienz zuzulegen.

Gerhard Fries et al.
Der erleuchtete Bio-Computer
2. Aufl. 1994, 264 S.,
zahlr. Abb., kart.
DM 38,–, Fr 35,–, ÖS 277,–, EUR 19,43
ISBN 3-87387-079-7

Unser Gehirn ist ein Bio-Computer mit einem – bisher innerhalb unserer endlichen Vorstellungen – nicht zu definierenden Potential. Dieser Bio-Computer funktioniert als eine unüberschaubare Vielzahl einzigartiger, in den verschiedenen Lernumgebungen unserer sich über Jahrmillionen erstreckenden Entwicklungsgeschichte erworbener Hard- und Software-Pakete.

J.B. Garnitschnig, M. Ganster
Hypno-Card
Spielkarten-Set mit Beiheft
DM 29,80, Fr 29,80, ÖS 268,–, EUR 15,24
ISBN 3-87387-246-3

Hypnotische bzw. suggestive Sprachmuster sind Angebote, die Aufmerksamkeit in eine bestimmte Richtung zu lenken. Mit HYPNO-CARD lernt man ganz automatisch und spielerisch, diese suggestiven Sprachmuster zu erkennen und zu nutzen.

Luis Jorge González
Gesundheit, Liebe und ein langes Leben
1999, 144 S., kart.

DM 29,80, Fr 27,50, ÖS 218,–, EUR 15,24
ISBN 3-87387-364-8

González erblickt aus der Perspektive der Zukunft – kein Wunder in einem Buch über langes Leben – die Gegenwart als die Vergangenheit und kann auf diese Weise unserer körperlichen Realität ein auf den Punkt gebrachtes Feedback geben. Aus der Position der End-Werte – wie beispielsweise Liebe und Lebensfreude – sind die Sinn-Werte, dazu gehören auch alle materiellen Ziele, Marksteine auf der Zeitlinie, stets verknüpft mit dem Streben nach dem höchsten Stand von Gesundheit.

David Gordon
Therapeutische Metaphern
5. Aufl. 1995, 208 S., kart.
DM 34,80, Fr 32,50, ÖS 254,–, EUR 17,79
ISBN 3-87387-240-4

David Gordon zeigt in diesem Buch, daß alle psychotherapeutische Kommunikation metaphorisch ist. Er bietet dem Leser genaueste, schrittweise erlernbare Wege für die Konstruktion und die systematische Anwendung therapeutischer Metaphern.

Bettina Griepentrog-Wiesner
Na, wie geht´s uns denn heute?
Ein NLP-Kurs mit Übungen für Ärzte und Heilberufler
1998, 164 S., kart.
DM 29,80, Fr 27,50, ÖS 218,–, EUR 15,24
ISBN 3-87387-371-0

Das Buch ist für Ärzte und Heilberufler gedacht, die noch erfolgreicher werden und erfolgreich bleiben wollen. Ein wesentlicher Schritt zum Erfolg in und mit der Arztpraxis ist der „gute Draht zum Patienten". Wie oft reden wir in unserem Alltag aneinander vorbei, ohne es sogleich wahrzunehmen. Wir merken es meistens erst, wenn es zu spät ist, wenn es aufgrund von Mißverständnissen zum Abbruch der Verständigung kommt. Professionelle Kommunikation ist im Arztbereich dringend angesagt.

John Grinder, Judith DeLozier
Der Reigen der Daimonen
Vorbedingungen
persönlichen Genies
1995, 416 S., kart.
DM 49,80, Fr 46,–, ÖS 364,–, EUR 25,46
ISBN 3-87387-135-1

Dieses Buch enthält die bis heute umfassendste Darstellung der generativen Möglichkeiten des NLP und formuliert Ansätze für eine von Bateson geforderte Meta-Wissenschaft. Diese soll die individuellen, kulturellen und neurologischen Filter untersuchen, die menschliches Erkennen beeinflussen.

Klaus Grochowiak
Das NLP-Practitioner Handbuch
2. Aufl. 1996, 336 S.,
A-4-Format, kart.
DM 98,–, Fr 89,–, ÖS 715,–, EUR 50,11
ISBN 3-87387-225-0

Das Ergebnis der Erfahrung aus ca. 20 Practitioner-Trainings enthält neben den NLP-Standard-Formaten und den relevanten Neuentwicklungen des NLP auch Hintergrundinformationen, Vertiefungen und Ausblicke des Wissens. Detaillierte Übungsanweisungen erlauben dem Leser, das neu erworbene Können sofort anzuwenden.

Klaus Grochowiak
Das NLP-Master-Handbuch
Erlernen Sie NLP auf Master-Niveau
1999, ca. 330 S., A4-Format, kart.
DM 118,–, Fr 105,–, ÖS 861,–, EUR 60,33
ISBN 3-87387-411-3

Das Buch beinhaltet das vollständige Wissen für Master-Schüler, bildet einen kompletten Rahmen für die Durchführung eines Master-Kurses für NLP-Trainer und bietet tiefe Einblicke in die in über 20 Jahren von Klaus Grochowiak entwickelte Therapie-Metastrategie. Time Line, Werte, Glaubens- und Skriptsätze, Metaprogramme, Strategien, das Milton-Modell, Sleight of Mouth Patterns und systemische Interventionen nach Bert Hellinger werden in dem kursbegleitenden Buch in ungewöhnlicher Tiefe vorgestellt.

Klaus Grochowiak, Joachim Castella
Der leichte Tanz
Das neue Spiel der Selbst- und Weltmodelle
1998, 232 S., kart.
DM 39,80, Fr 37,–, ÖS 291,–, EUR 20,35
ISBN 3-87387-374-5

Die Philosophie des Radikalen Konstruktivismus kann heute wohl als eine der „Winner-Theorien" angesehen werden. Daß wir uns anhand von Konstruktionen, von Modellen also, in der Welt orientieren, ist implizit oder explizit common-sense der allermeisten zeitgenössischen Therapieformen. NLP etwa kann geradezu als „therapeutische Variation" des Konstruktivismus gelten.

L. Michael Hall
Der Sieg über den Drachen – Königswege zum Selbst-Management
Das Handbuch zum Meta-Stating
1999, ca. 260 S., kart.
DM 39,80, Fr 37,–, ÖS 291,–, EUR 20,35
ISBN 3-87387-351-6

Was brauchen wir, wenn wir in einen Drachen-Zustand wie z.B. Wut, Angst, Furcht, Negativismus, Ermüdung, Traurigkeit, Entmutigung geraten? Wir benötigen so etwas wie ein Modell, um die Erfahrung des Drachen-Zustands zu verstehen.

Die Absicht des Buches besteht darin, das Wissen, die Geschicklichkeit und die Stärken zu entwickeln, mit unseren Zuständen kraftvoll umgehen zu können.

Annegret Hallanzy
Visionsorientierte Veränderungsarbeit Bd. 1
NLP-Ökologie anders definiert
1996, 288 S., kart.
DM 44,–, Fr 41,–, ÖS 321,–, EUR 22,50
ISBN 3-87387-312-5

Verschiedene therapeutisch tätige NLPler haben sich bereits um Gesamtkonzepte für den Prozeß der Arbeit mit NLP-Techniken bemüht – fast alle gingen dabei intuitiv vor. Dieses Buch bietet erstmalig eine äußerst fundierte und systematische Basis, um NLP-Veränderungsarbeit sowohl im philosophischen Gesamtkonzept als auch im praktischen Ansatz zu diskutieren.

Annegret Hallanzy
Visionsorientierte Veränderungsarbeit Bd. 2
20 neue NLP-Techniken in einem Gesamtmodell
1997, 308 S., kart.
DM 48,–, Fr 44,50, ÖS 350,–, EUR 24,54
ISBN 3-87387-361-3

Die vorgestellten Techniken beziehen sich auf Unterscheidungen, die von schamanischen Kulturen, von der Arbeit Hellingers und von den Klienten selbst während der NLP-Forschung durch Annegret Hallanzy modelliert wurden.

Kay Hoffman,
Ursula Gerken-Haberzettl
NLP & spirituelle Dimension
BodyMindExperimente
1998, 232 S., kart.
DM 34,80, Fr 32,50, ÖS 254,–, EUR 17,79
ISBN 3-87387-357-5

Spirituelle Dimensionen eröffnen sich in der Arbeit mit NLP dann, wenn wir in der Vorannahme eines größeren Ganzen die Grenzen des Denkbaren, Faßbaren überschreiten und Methoden des NLP auch dort anwenden, wo unsere Vorstellungskraft sich ausdehnen muß, um in die Bereiche des Unbekannten vorzudringen. BodyMind ist ein Bewußtsein, das das Zusammenspiel von Körper, Seele und Geist und dessen Auswirkung auf Weltbilder, Glaubenssätze und Grundhaltungen in den Fokus der Aufmerksamkeit bringt.

Kay Hoffman, Maria Schneider,
Martin Haberzettl
BodyMindManagement in Action
1996, 296 S., zahlr. Illustr., kart.
DM 39,80, Fr 37,–, ÖS 291,–, EUR 20,35
ISBN 3-87387-307-9

BodyMindManagement bedeutet eine integrative Theorie von mentalen, emotionalen und energetischen Ansätzen der persönlichen Veränderung, wobei die Theorie einen übergreifenden Denkansatz bildet zu den in diesem Buch diskutierten Modellen: Erweiterung von NLP (Martin Haberzettl), Trance und Transformation (Kaye Hoffman), Lernen durch Bewegung (Maria Schneider).

Franz-Joseph Hücker
**Metaphern –
die Zauberkraft des NLP**
Ein Leitfaden für Berufspraxis und Training
1998, 200 S., kart.
DM 34,80, Fr 32,50, ÖS 254,–, EUR 17,79
ISBN 3-87387-378-8

Der Erfolg des NLP steht und fällt mit seiner metaphorischen Fähigkeit – mit der Fähigkeit, Metaphern zu entwickeln, verfügbar zu machen und zu nutzen. Dies stellt das Wesen erfolgreicher Kommunikation dar. Das explizite Anliegen dieses Buches ist es, diese Fähigkeit transparent und für jedermann zugänglich zu machen.

Bernd Isert
Die Kunst schöpferischer Kommunikation
1996, 328 S., kart.
DM 44,–, Fr 41,–, ÖS 321,–, EUR 22,50
ISBN 3-87387-316-8

Der Autor vermittelt uns auf kreative Weise die Grundlagen wirkungsvoller Kommunikation und führt uns auf eine Entdeckungsreise in die verborgene Welt der Sprachmuster und Ausdrucksformen. Dazu gehören die Kunst, die Sinne anzusprechen, wirksames Fragen, das Zaubern neuer Bedeutungen und Zusammenhänge, hypnotische Sprachformen, Geschichten, Argumentation, Metaphern und Phantasiereisen und vieles mehr.

Bernd Isert, Klaus Rentel
Die Wurzeln der Zukunft
2000, 220 S., kart.
ca. DM 34,80, Fr 32,50, ÖS 254,–,
EUR 17,79
ISBN 3-87387-420-2

Ziele und Visionen verwirklichen, aus der Vergangenheit lernen – als einzelner oder in einer Gemeinschaft. Zu diesem Thema ist schon viel geschrieben worden. Die Zeit ist reif für ein Buch, das das Wesentliche zu einem neuen Ganzen erweitert: den Lebensweg erkunden und gestalten. Die Autoren präsentieren eine Fülle von Wegen der Wandlung.

Tad James
TIME COACHING
3. Aufl. 1997, 148 S., geb.
DM 29,80, Fr 27,50, ÖS 218,–, EUR 15,24
ISBN 3-87387-061-4

Kernstück dieses Buches ist das Wissen um die Zeit-Linie, die persönlichen Werte und diejenigen Glaubenssätze, Überzeugungen und Handlungen, die man benötigt, um eine erstrebenswerte Zukunft zu erzeugen.

Tad James, Wyatt Woodsmall
TIME LINE
NLP-Konzepte
4. Aufl. 1998, 312 S., kart.
DM 44,–, Fr 41,–, ÖS 321,–, EUR 22,50
ISBN 3-87387-031-2

In diesem Buch geht es um Konzepte, die als wichtige Elemente der subjektiven Erfahrung eines Menschen zu seiner Kernpersönlichkeit beitragen: Time Lines (Zeitlinien), Meta-Programme und Werte.

Inke Jochims
NLP für Profis
Glaubenssätze & Sprachmodelle
1995, 224 S., kart.
DM 36,–, Fr 33,–, ÖS 263,–, EUR 18,41
ISBN 3-87387-143-2

Neben einer ausführlichen Diskussion zu den Glaubenssätzen widmet sich die Autorin der präzisen Darstellung und Erklärung der „logischen Ebenen" und beschäftigt sich u.a. mit einem modifizierten Meta-Modell.

Hans Peter Kobler
Der Schlüssel zum neuen Lehren
Wege zum perfekten Unterricht
1998, 176 S., kart.
DM 34,80, Fr 32,50,–, ÖS 254,–, EUR 17,79
ISBN 3-87387-372-9

Hervorragender Unterricht baut auf vier Hauptsäulen auf: einer sehr hohen Qualität der Beziehungen im Lehr-Lernraum; der Transparenz der Zielsetzungen; wirkungsvollen Lehr-Lernmethoden und hilfreichen Instrumenten im Umgang mit den ständig auftauchenden Herausforderungen. Ausgehend von diesem Modell zeigt der Autor in diesem Buch neue, konkrete Wege, wie der Unterricht mit geringem Aufwand sofort und nachhaltig verbessert werden kann.

Hans Peter Kobler
Neues Lernen für das Land
NLP in der Unterrichtspraxis
2. Aufl. 1998, 336 S., kart.
DM 44,–, Fr 41,–, ÖS 321,–, EUR 22,50
ISBN 3-87387-144-0

Dieses Buch dient einerseits der Information über den Einsatz von NLP in der Unterrichtspraxis und andererseits – und vor allem – der Anleitung zur Übertragung der NLP-Techniken.

Peter B. Kraft
NLP-Handbuch für Anwender
NLP aus der Praxis für die Praxis
1997, 168 S., A4-Format, kart.
DM 49,80, Fr 46,–, ÖS 364,–, EUR 25,46
ISBN 3-87387-356-7

Dieses Handbuch enthält eine präzise und systematische Darstellung der wichtigsten Bausteine und Modelle des NLP. Es wurde für den praktischen Einsatz als Unterrichts- und Nachschlagewerk für die Practitioner- und Master-Ausbildung konzipiert. Der hohe Gebrauchswert ergibt sich durch die Kombination von kurzen, genauen Beschreibungen mit sehr vielen Graphiken, die Schritt für Schritt zeigen, wie es gemacht wird, wie Modelle funktionieren und wofür sie speziell geeignet sind.

Peter B. Kraft
NLP-Übungsbuch für Anwender
Mit mehr als 150 Übungen
1998, 340 S., A4-Format, kart.
DM 78,–, Fr 71,–, ÖS 569,–, EUR 39,88
ISBN 3-87387-377-X

Es heißt nicht ohne Grund: Übung macht den Meister; daran erinnert auch der mittelhochdeutsche Ursprung: Üben heißt, etwas bebauen, pflegen, etwas ins Werk setzen. Aus seiner langjährigen Tätigkeit als Berater, Trainer und Coach präsentiert der Autor ein breites Spektrum an Übungen zu den Bereichen Selbstmanagement, Therapie/Coaching und Teamentwicklung.

Mit viel Einfühlungsvermögen und didaktischem Geschick wird beschrieben, was im Prozeß des Lernens und Übens geschieht.

Der Autor versteht NLP nicht als Toolbox für raffinierte Psychotechniken, sondern als geistigen Erfahrungs- und Reifeprozeß.

Gundl Kutschera
Tanz zwischen Bewußtsein & Unbewußt-sein
NLP Arbeits- und Trainingsbuch
2. Aufl. 1995, 508 S., kart.
DM 49,80, Fr 46,–, ÖS 364,–, EUR 25,46
ISBN 3-87387-041-X

Die NLP-Techniken und Werkzeuge, die in diesem Buch zusammengefaßt sind, helfen uns, herauszufinden, wie wir in uns und mit anderen in Resonanz sind, um liebevollere, klarere und gesündere Beziehungen leben zu können.

Gundl Kutschera, Peter Bachler
Resonanz lernen mit NLP
1996, 150 S., Abb., kart.
DM 19,80, Fr 19,–, ÖS 145,–, EUR 10,12
ISBN 3-87387-095-9

Es ist sehr schwer, Kommunikation und Beziehung zu lernen, weil es keine allgemeingültigen Regeln gibt. Wir können nur lernen zu balancieren, d.h. herausfinden, was im jeweiligen Moment für alle Betroffenen richtig ist. In diesem Buch wird dem Leser die Möglichkeit gegeben, die eigene Vielfalt zu entdecken, das weite Spektrum zwischen Polaritäten zu erkennen und bewußter leben zu können.

G. Kutschera, E.-M. Harbauer
**Resonanz und die
Kraft Deiner Quelle**
Phantasiereisen im NLP
1996, 200 S., kart.,
DM 19,80, Fr 19,–, ÖS 145,–, EUR 10,12
ISBN 3-87387-317-6

Das Bedürfnis und der Wunsch nach Phantasiereisen, auch in den Kursen von Gundl Kutschera, war Anlaß, in diesem Buch die Tranceführungen zu sammeln, die in der NLP-Ausbildung verwendet werden, wobei bei der Auswahl der Reisen der Schwerpunkt auf die Bereiche Selbstfindung und Gesundheit gelegt wurde.

G. Kutschera, E.-M. Harbauer
**In Resonanz leben
und den Neubeginn wagen**
1997, 144 S., kart.
DM 19,80, Fr 19,–, ÖS 145,–, EUR 10,12
ISBN 3-87387-339-7

Dieses Buch ist all jenen gewidmet, die mit diesem Wissen ihren Alltag bewußt neu gestalten wollen und ihn gemeinsam mit anderen in Harmonie erleben wollen.
Phantasiereisen verknüpfen dabei auf ganz neue Art die Wünsche und Träume unseres Unbewußten mit der Intensität und Vielfalt unseres alltäglichen Lebens. Die in diesem Buch gesammelten Reisen stammen vom Team der NLP-Resonanz- Ausbildung bei Dr. Gundl Kutschera.

Genie Z. Laborde
Kompetenz und Integrität
4. Aufl. 1998, 304 S., Abb., kart.
DM 49,80, Fr 46,–, ÖS 364,–, EUR 25,46
ISBN 3-87387-032-0

In dem durch zahlreiche Illustrationen aufgelockerten und gut lesbaren Buch gelingt es Genie Laborde wie keinem anderen Autor zuvor, die hochwirksamen Veränderungstechniken des NLP für Business und Alltag aufzuzeigen.
Das Übungsbuch für professionelle Kommunikatoren überhaupt – und insbesondere in Wirtschaft, Verwaltung und Organisationen.

Genie Z. Laborde
**Mehr sehen ● Mehr hören ●
Mehr fühlen**
Praxiskurs Kommunikation
1997, 222 S., kart., mit Farbteil
DM 49,80, Fr 46,–, ÖS 364,–, EUR 25,46
ISBN 3-87387-301-X

Effektive Kommunikation beginnt mit der Erkenntnis, daß jeder von uns einzigartig ist, anders als alle anderen Menschen. Manchmal könnte man denken, daß wir nicht die gleiche Sprache sprechen, obwohl wir die gleichen Wörter benutzen. Gute kommunikative Fähigkeiten vermögen, solche Unterschiede zu überbrücken.

Anné Linden, Murray Spalding
Enneagramm und NLP
1996, 264 S., kart.
DM 38,–, Fr 35,–, ÖS 277,–, EUR 19,43
ISBN 3-87387-250-1

Das Ziel des Buches ist es, das Enneagramm und das NLP in eine Synthese zu fassen, die einen einfachen Weg darstellt, diese beiden Disziplinen in **ein** System zu bringen und so besser zu verstehen.

Michael Luther, Evelyne Maaß
NLP-Spiele-Spectrum
3. Aufl. 1998, 336 S., kart.
DM 44,–, Fr 41,–, ÖS 321,–, EUR 22,50
ISBN 3-87387-055-X

Es gibt viele Möglichkeiten, das eigene Potential zu wecken und zu nutzen. Lernen kann und soll Spaß machen und die Persönlichkeit bereichern! Um sich seiner eigenen Fähigkeiten sicher zu sein, sich selbst zu vertrauen, muß man Dinge ausprobieren. Wo geht das leichter, als in der Atmosphäre des Spiels.

Michael Luther, Jutta Gründonner
Königsweg Kreativität
Übungen und Spiele für kreative Köpfe
1998, 312 S., kart.
DM 39,80, Fr 37,–, ÖS 291,–, EUR 20,35
ISBN 3-87387-379-6

Kreativität ist der Königsweg, um das eigene Potential zu wecken: ein Prozeß des neugierigen Entdeckens, ein Blick über Horizonte hinaus, eine spielerisch-ernste Strategie, Grenzen zu erweitern. Dieses Buch bietet einen roten Faden auf dem Weg zur eigenen kreativen Kompetenz. Eine bunte Mischung aus Kreativitätstechniken, NLP-Prozessen, Spielen, Phantasiereisen und Denksportaufgaben, die Lust weckt, den inneren Reichtum zu erleben und kreative Lösungen für alltägliche Aufgaben zu entdecken.

Michael Luther
Die Reise zu den inneren Schätzen
Handbuch für Entspannung und mentales Training
1999, ca. 280 S., kart.
ca. DM 39,80, Fr 37,–, ÖS 291,–,
EUR 20,35
ISBN 3-87387-394-X

Dieses Buch bietet einen ebenso kompetenten wie spielerischen Einblick in die wichtigsten körperorientierten Entspannungsverfahren und Mentaltechniken: Entspannung durch Bewegung und Atmung, durch Massage, durch das Bewußtmachen innerer Qualitäten und durch zauberhafte Phantasiereisen. Es kombiniert in einzigartiger und kreativer Weise die ressourcenorientierten Techniken des NLP mit klassischen Entspannungsmethoden und Übungen wie Kinesiologie, Qi Gong, Atemarbeit, Feldenkrais, Bioenergetik, Shiatsu, Sportmassage, Tiefmuskelentspannung u.a.

Evelyne Maaß, Karsten Ritschl
Coaching mit NLP
2. Aufl. 1999, 268 S., kart.
DM 39,80, Fr 37,–, ÖS 291,–, EUR 20,35
ISBN 3-87387-338-9

NLP hat seine Effektivität bei der Umsetzung persönlicher Wachstumsprozesse bewiesen und kann auch hier zielgerichtet zu gewünschten Ergebnissen führen. Spiele, Übungen und Phantasiereisen laden zum gezielten Einsatz bei beruflicher und privater Begleitung von

Veränderungsprozessen ein. Übersichtlich strukturiert und liebevoll illustriert bietet das Buch dem Leser einen roten Faden zur effektiven Gestaltung von Coaching-Situationen.

Evelyne Maaß, Karsten Ritschl
Die Freiheit zu lieben
Übungen, Spiele & Phantasiereisen
für eine gelungene Partnerschaft
1999, ca. 180 S., kart.
ca. DM 29,80, Fr 27,50, ÖS 218,–,
EUR 15,24
ISBN 3-87387-421-0

Liebe ist ein Prozeß, ein aktives Handeln, für das man sich täglich neu entscheiden kann. Dieses Buch richtet sich an Menschen, die das Wort „Liebe" mit Leben erfüllen wollen und es in Zukunft öfter und intensiver erleben möchten. Die Übungen, Spiele und Phantasiereisen wollen Liebe erlebbar machen und in die Gegenwart bringen, sie mit allen Sinnen sichtbar, hörbar und fühlbar werden lassen. Es ist eine Spielanleitung ohne feste Regeln, eine Einladung, mit allen Freiheiten die Liebe zu seiner Existenz, zum Dasein, zum Anderen und zum Leben zu feiern.

Evelyne Maaß, Karsten Ritschl
Phantasiereisen leicht gemacht
Über die Macht der Phantasie
2. Aufl. 1998, 144 S., zahlr. Abb., kart.
DM 19,80, Fr 19,–, ÖS 145,–, EUR 10,12
ISBN 3-87387-318-4

Dieses Buch richtet sich an Menschen, die Lust haben, die eigenen Schätze kennenzulernen und aus den Quellen ihrer Kreativität zu schöpfen. Es kann Phantasien wecken und kreative Potentiale freisetzen und stellt so den Kontakt zu neuen Lösungsmöglichkeiten her.

Evelyne Maaß, Karsten Ritschl
Teamgeist
Spiele und Übungen für die Teamentwicklung
2. Auflage 1997, 296 S., kart.
DM 39,80, Fr 37,–, ÖS 291,–, EUR 20,35
ISBN 3-87387-319-2

Dieses Buch ist ein buntes Spectrum kreativer Spiele und Übungen, in dem nicht nur Teamentwickler zahlreiche Anregungen finden, um die Basisfertigkeiten für gute Teamarbeit zu fördern. Auch Teams sind dazu eingeladen, die Spiele und Übungen eigenverantwortlich auszuprobieren, um eine tragfähige Gruppenbeziehung aufzubauen und in der freien Atmosphäre des Spiels neue Lösungen zu erproben.

Evelyne Maaß, Karsten Ritschl
Das Spiel der Intelligenzen
Das Übungs-Spectrum für Kreativität, Flexibilität und spielerisches Lernen
1998, 352 S., zahlr. Abb., kart.
DM 44,–, Fr 41,–, ÖS 321,–, EUR 22,50
ISBN 3-87387-388-5

Dieses Buch will mit seinem Spectrum an Übungen, Spielen und Phantasiereisen dazu einladen, in jedem Lebensalter die Entwicklung unseres menschlichen Potentials zu fördern. Es geht nicht nur darum, den Künstler in sich zu entdecken und zu leben, sondern vorrangig geht es darum, die vorhandenen Ressourcen wiederzufinden oder neuzufinden und sie für Kreativität, Intuition und Erfolg im Alltag nutzbar zu machen. Mit der Entfaltung unserer komplexen Intelligenzen werden die Qualitäten bereitgestellt für das Abenteuer „Lernen und Leben im nächsten Jahrtausend".

Karl Mast
Kommunikation in Weiß
NLP für Ärzte & Heilberufe
1995, 196 S., kart.
DM 29,80, Fr 27,50, ÖS 218,–, EUR 15,24
ISBN 3-87387-147-5

www.junfermann.de

Ärzte sind berufsmäßige Kommunikatoren. Leider werden diese Fähigkeiten an keiner Schule, in keinem medizinischen Studiengang und in keiner medizinischen Weiterbildung vermittelt. Mit dem grundlegenden Wissen, das dieses Buch vermittelt, werden Ärzte und Heilberufler mit sich und anderen qualifizierter reden und umgehen.

Martin R. Mayer
Neue Lebens Perspektiven
Mehr Erfolg und Lebensfreude durch NLP
1999, 304 S., kart.
DM 39,80, Fr 37,–, ÖS 291,–, EUR 20,35
ISBN 3-87387-401-6

Das Buch bietet mehr als eine leicht verständliche und lebendige Einführung in die Welt des NLP. Es ist zugleich auch eine Einführung in die Kunst des Lebens. Und dabei bietet es mehr an als fromme Sprüche wie: „Man muß nur an seinen Erfolg glauben", oder: „Seien Sie tolerant". Behandelt werden drei Hauptthemen, die alle Menschen betreffen: Wie kann man jederzeit in einen Zustand der inneren Stärke kommen? Wie kann man seine Kommunikationsfähigkeit ausbauen? Wie kann man seine Ziele erreichen?

Angelika Mayer Wamos
Fremdsprachen erfolgreich lehren und lernen
Neue Wege mit NLP
1994, 158 S., kart.
DM 34,80, Fr 32,50, ÖS 254,–, EUR 17,79
ISBN 3-87387-111-4

Das Buch wendet sich an alle, die mehr über „ökologisches", d.h. den Lernvorerfahrungen und Zielen angepaßtes Lehren und Lernen von Fremdsprachen erfahren möchten.

Ian McDermott & Joseph O´Connor
NLP für die Management-Praxis
1999, 256 S., kart.
DM 44,–, Fr 41,–, ÖS 321,–, EUR 22,50
ISBN 3-87387-386-9

Ein Manager ist kein Automat mit Aufgaben und Funktionen, sondern eine reale Person mit Hoffnungen und Gefühlen. Managementtechniken, die diese Humanqualitäten nicht berücksichtigen, werden scheitern, und zwar eher früher als später.
Es fehlt eine Methode, um Ziele und Strukturen des Unternehmensmanagements mit den Human Skills zu vereinbaren. Dieses Buch

liefert eine solche Methode. NLP untersucht die Strukturen unseres subjektiven Erlebens. Es geht darum, wie wir unsere Welt erzeugen – unser persönliches Erleben dessen, wer wir sind, was wir tun und wie wir andere wahrnehmen.

Annegret Meyer, Jan Stender
Systemisches NLP
Arbeit mit Paaren, Teams und Gruppen
1995, 284 S., Abb., kart.
DM 39,80, Fr 37,–, ÖS 291,– EUR 20,35
ISBN 3-87387-206-4

Systemisches NLP wird in diesem Buch nicht (nur) als Intervention durch Nutzung immanenter Ressourcen verstanden, sondern als Anwendung im System Paar, Team oder Gruppe durch den Coach oder Leiter.

Alexa Mohl, unter Mitarbeit von Xiaoqing Lin
Nach China unterwegs
Ein Lernbuch zur Vorbereitung auf China
Interkulturelles Management mit NLP
1999, 224 S., kart.
DM 49,80, Fr 46,–, ÖS 364,– EUR 25,46
ISBN 3-87387-400-8

Auf der Schwelle zum dritten Jahrtausend führt die Globalisierung des Wirtschaftslebens immer mehr Menschen aus unterschiedlichen Kulturen zusammen. Interkulturelle Begegnungen heute verlangen von den Menschen ein gemeinsames Handeln, Fähigkeiten, ihr Verhalten aufeinander abzustimmen, mit Menschen einer anderen Kultur zusammenzuarbeiten und berufliche und wirtschaftliche Ziele gemeinsam zu erreichen.

Dieses Buch stellt, wenngleich theoretisch fundiert, ein praktisches Lernbuch dar. Die Autorin hat es für Mitteleuropäer geschrieben, die sich auf berufliche Aufgaben in China vorbereiten wollen.

Alexa Mohl
Auch ohne daß ein Prinz dich küßt
Ein Lernbuch für Frauen
3. Aufl. 1997, 378 S., kart.
DM 44,–, Fr 41,–, ÖS 321,– EUR 22,50
ISBN 3-87387-039-8

Ziel des Buches ist es, Frauen praktische kommunikative Fähigkeiten zu vermitteln, die es ermöglichen, sich in einer nach männlichen Normen strukturierten Welt gleichwohl in einer weiblichen Weise durchzusetzen.

Alexa Mohl
Der Wächter am Tor zum Zauberwald
1997, 192 S., kart.
DM 29,80, Fr 27,50, ÖS 218,–, EUR 15,24
ISBN 3-87387-350-8

Geschichten sind lehrreich. Während die meisten Menschen sich nur höchst ungern von anderen belehren lassen, sind Geschichten auf eine subtile und unaufdringliche, aber sehr wirksame Art und Weise, lehrreich. Dieses Merkmal macht die Arbeit mit Geschichten zu einer sinnvollen Möglichkeit, Lern- und Beratungsprozesse kreativ zu unterstützen.

Alexa Mohl
Der Zauberlehrling
Das NLP Lern- und Übungsbuch
6. Aufl. 1997, 412 S., Abb., kart.
DM 44,–, Fr 41,–, ÖS 321,– EUR 22,50
ISBN 3-87387-090-8

Dieses Buch stellt die Potentiale, die die NLP-Begründer und NLP-Praktiker der ersten Generation gesammelt und entwickelt haben, in einer systematischen und leicht lernbaren Form dar, um die Chance zu vergrößern, daß die im NLP vermittelten Fähigkeiten auch von den Menschen angeeignet werden können, die sie für die Entwicklung einer kommunikativen, kreativen und produktiven Lebenspraxis nutzen können.

Alexa Mohl
Der Meisterschüler
Der Zauberlehrling, Teil II
1996, 416 S., kart.
DM 44,–, Fr 41,–, ÖS 321,–, EUR 22,50
ISBN 3-87387-306-0

„Als ich 1992 den *Zauberlehrling* schrieb, habe ich darin die Kenntnisse und Erfahrungen mit NLP zusammengestellt, mit denen ich nach meiner Ausbildung in der Beratung gearbeitet und die ich in Seminaren an andere vermittelt habe. Meine Klienten, SeminarteilnehmerInnen, PartnerInnen und auch meine eigene Neugier haben mich jedoch immer wieder ermuntert, weiterzuarbeiten.
Auf diese Weise ist eine Sammlung von NLP-Formaten entstanden, die über die im ersten Buch dargestellten Vorgehensweisen weit hinausgeht. Diese Vorgehensweisen habe ich in diesem zweiten Teil wie im ersten in einer systematischen und leicht lernbaren Form in fünf Kapiteln zusammengestellt."

Alexa Mohl
Neue Wege zum gewünschten Gewicht
Abnehmen mit NLP
3. Aufl. 1998, Buch mit CD, 160 S., kart.
DM 39,80, Fr 37,–, ÖS 291,–, EUR 20,35
ISBN 3-87387-309-5

Mit diesem Werk (Buch & CD) erhalten die Betroffenen und Interessierten keine weiteren Ratschläge, wie sie ihr Wissen über gesunde Ernährung in die Tat umsetzen und ihre Willenskraft stärken können, um mit Willen und Bewußtsein abzunehmen. Dieses Werk vermittelt ihnen Möglichkeiten, wie sie unbewußte Faktoren ihres Eßverhaltens beeinflussen können. Es werden ihnen Wege angeboten, die das Neurolinguistische Programmieren (NLP) entwickelt hat, um Menschen dabei zu unterstützen, ihr gewünschtes Gewicht zu erreichen.

Alexa Mohl
Nur die Liebe ...
... ermöglicht uns, diese Welt hervorzubringen
NLP – erkenntnistheoretische Grundlagen & ethische Schlußfolgerungen
1999, ca. 380 S., kart.
ca. DM 49,80, Fr 46, ÖS 364,–, EUR 25,46
ISBN 3-87387-422-9

Auf die Frage, was NLP ist, gibt es auch fast drei Jahrzehnte nach seiner Begründung viele unterschiedliche Antworten.

Alexa Mohl unternimmt den Versuch, in ihrer Darstellung des NLP akademischen Kriterien zu genügen. Das Ziel besteht darin, Psychologen und anderen Sozialwissenschaftlern vorzuführen, daß NLP wissenschaftlich und praktisch ernstzunehmen ist. Die Autorin verfolgt die Absicht, die Vorzüge des Arbeitens mit NLP allen Menschen zugänglich zu machen.

Alexa Mohl
Das Metaphern-Lernbuch
Geschichten und Anleitungen
aus der Zauberwerkstatt
1998, 280 S., kart.
DM 44,–, Fr 41,–, ÖS 321,–, EUR 22,50
ISBN 3-87387-349-4

Dieses Metaphern-Lernbuch enthält die Geschichten aus dem Metaphern-Lesebuch „Der Wächter am Tor zum Zauberwald" – jedoch ergänzt um konkrete und oft ausführliche Einsatzmöglichkeiten dieser Texte in Therapie und Beratungsgesprächen, in Seminaren und NLP-Ausbildungen. Darüber hinaus enthält dieses Buch ein Kapitel, das den Leser anleitet, selbst Metaphern zu schreiben.

Walter Ötsch, Thies Stahl
Das Wörterbuch des NLP
1997, 268 S., kart.
DM 44,–, Fr 41,–, ÖS 321,–, EUR 22,50
ISBN 3-87387-336-2

Das Wörterbuch des NLP beschreibt in ca. 300 (z.T. umfangreichen) Stichworten die wichtigsten Begriffe und Techniken des NLP. Bei jedem Stichwort finden sich Querverweise zu anderen Stichworten. Es bietet Anfängern eine Erstorientierung über grundlegende Begriffe des NLP. Fortgeschrittene nutzen es als Nachschlagewerk, und NLP-Experten finden hier klare Definitionen und einen breiten Überblick über viele Aspekte des NLP.

Monika Rainer
Zwei Welten und ein Königreich
Märchen und Geschichten für kleine und GROSSE (Ver)Änderungen im Leben
1997, 132 S., kart.
DM 29,80, Fr 27,50, ÖS 218,–, EUR 15,24
ISBN 3-87387-345-1

Der hohe praktische Wert dieses Buches liegt darin, daß die Geschichten zum Vorlesen in Seminaren geeignet sind. Die jeweilige Vorlesezeit ist angegeben. Es werden darüber hinaus Tips zum Einsatz von Geschichten im allgemeinen und speziell zu jeder einzelnen Geschichte gegeben: Indikation, verstecktes NLP-Modell, Ziel, Zeitpunkt des Vorlesens.

Thomas Rückerl
NLP in Stichworten
Ein Überblick für Einsteiger und Fortgeschrittene
2. Aufl. 1996, 274 S., kart.
DM 44,–, Fr 41,–, ÖS 321,–, EUR 22,50
ISBN 3-87387-080-0

Das Lexikon gibt eine leicht verständliche Einführung in das Vokabular des NLP und vermittelt zugleich einen systematischen Überblick. Die zentralen Begriffe des NLP werden in Form von kurzen Artikeln erklärt und zueinander in Beziehung gesetzt. In alphabetischer Reihenfolge sind über 120 Stichworte dargestellt.

Tom Rückerl, Jörn Ehrlich
NLP in Action
2. überarb. Aufl. 1999, 276 S., kart.
DM 44,–, Fr 41,–, ÖS 321,–, EUR 22,50
ISBN 3-87387-255-2

Dieses Buch stellt die wesentlichen Techniken des NLP als psychologischen Werkzeugkoffer dar, den jeder Leser sofort einsetzen kann, sowohl im beruflichen Alltag als auch im Privatleben. Das Buch vermittelt Erkenntnisse der praktischen Psychologie auf informative und zugleich unterhaltsame Weise.

Thomas Rückerl
Sinnliche Intelligenz
Ein motivierendes Trainingsprogramm
1999, 216 S., kart.
DM 39,80,–, Fr 37,–, ÖS 291,–, EUR 20,35
ISBN 3-87387-403-2

THOMAS RÜCKERL
SINNLICHE INTELLIGENZ
EIN MOTIVIERENDES TRAININGSPROGRAMM

Das Konzept der Sinnlichen Intelligenz symbolisiert eine neue Verbindung von Lebenslust und Geisteskraft. Es beschreibt die ganzheitliche Vernetzung zwischen sinnlichen Fähigkeiten und praktischer Intelligenz.
Das Buch ist als Trainingsprogramm konzipiert. Darin erfahren Sie, wie Sie Ihre persönlichen Vorlieben erforschen und wie Sie mit anderen Menschen auf sinnliche Weise Kontakt aufnehmen können. Außerdem finden Sie viele anregende Übungen, die Sie leicht in den Alltag integrieren können.

Klaus H. Schick (Hrsg.)
NLP & Rechtschreibtherapie
Lehse- unt Rächdschreip-Schwihrikkaitn adeh!
2. Aufl. 1997, 160 S., kart.
DM 29,80, Fr 27,50, ÖS 218,–, EUR 15,24
ISBN 3-87387-163-7

Dieses Buch ist für Lerntherapeuten und Pädagogen gleichermaßen geeignet.
In Übersetzungen amerikanischer Originalarbeiten werden ausführlich dargestellt: die Entwicklung der NLP-Rechtschreibstrategie durch Robert Dilts; systemisches Arbeiten mit NLP-Methoden bei LRS-Problemen; NLP, Hirndominanz und LRS.

W. Schmid-Oumard, M. Nahler
Lehren mit Leib und Seele
NLP in der pädagogischen Praxis
2. Aufl. 1994, 310 S., Abb., kart.
DM 39,80, Fr 37,–, ÖS 291,–, EUR 20,35
ISBN 3-87387-115-7

Das Buch unternimmt den Versuch, die NLP-Methoden für die pädagogische Praxis nutzbar zu machen. Dabei steht der lehrende Mensch im Mittelpunkt. Ziel des Buches ist es, die Pädagogen in die Lage zu versetzen, sich in überschaubaren Schritten mit den wirksamsten Methoden vertraut zu machen, sie zu erlernen und deren Wirksamkeit in der Unterrichtspraxis überprüfen zu können.

Martina Schmidt-Tanger
Veränderungscoaching
2. Aufl. 1999, 196 S., kart.
DM 38,–, Fr 35,–, ÖS 277,–, EUR 19,43
ISBN 3-87387-398-2

www.junfermann.de

Wie laufen Veränderungen ab, was unterstützt oder verhindert sie, wie wird Veränderung organisiert und systematisch begleitet? Die Autorin vermittelt in ihrem Buch Kernkompetenzen für die Veränderungsarbeit mit NLP. Change-Management und vor allem Einzelcoaching und Teamcoaching bilden die Hauptfelder für Veränderungsberater. Bezogen auf diese Bereiche erhalten die Leser Einblick in die Werkzeugkiste einer erfahrenen NLP-Anwenderin und finden übersichtliches und konkretes Wissen.

Thies Stahl
Triffst du 'nen Frosch unterwegs ...
6. Aufl. 1995, 408 S., kart.
DM 44,–, Fr 41,–, ÖS 321,–, EUR 22,50
ISBN 3-87387-284-6

Einen wesentlichen Anteil an der Verbreitung des NLP im deutschen Sprachraum hat der Autor dieses Buches, Thies Stahl. Aus Seminaraufzeichnungen entstand eine informative und kritische Positionsbestimmung des deutschen Ansatzes im NLP.

Walter Doyle Staples
Think like a Winner!
Der Weg zu Spitzenleistungen
3. Aufl. 1999, 360 S., geb.
DM 49,80, Fr 46,–, ÖS 364,–, EUR 25,46
ISBN 3-87387-109-2

„Wenn Sie das erreichen wollen, was ein typischer Gewinner erreicht, müssen Sie zuerst lernen, wie ein Gewinner zu denken!" Diese Aussage ist die Voraussetzung für Walter Doyle Staples lebendiges, motivierendes Buch, das uns zeigen will, wie wir in Zukunft erfolgreich sein können.

Walter Doyle Staples
Personal Coaching
Durch die Macht der Überzeugung zum Erfolg
1998, 368 S., kart.
DM 49,80, Fr 46,–, ÖS 364,–, EUR 25,46
ISBN 3-87387-368-0

In diesem Selbst-Erneuerungsprogramm werden die Leser unzählige neue Erfahrungen und Ideen kennenlernen, die zu persönlichem und spirituellem Wachstum und beruflicher Entwicklung führen, einfach gesagt: zu mehr Glückserfahrung. Den Weg dorthin skizziert Staples wie folgt: „Zu existieren heißt, sich zu verändern; sich verändern heißt zu wachsen; zu wachsen heißt, sich selbst endlos NEU zu schaffen."

Rupprecht Weerth
NLP & Imagination
Grundannahmen, Methoden, Möglichkeiten und Grenzen
2. Aufl. 1994, 308 S., kart.
DM 39,80, Fr 37,–, ÖS 291,–, EUR 20,35
ISBN 3-87387-078-9

www.junfermann.de

Erstmals werden in diesem Buch die einzelnen Bausteine des NLP einschließlich seiner neuesten Entwicklungen zusammenhängend dargestellt und bewertet. Dem Wissenschaftler bietet das Buch den schon lange überfälligen, wissenschaftlich fundierten, systematischen Überblick über das NLP.

Der Autor ist intensiv den Fragen nachgegangen, wie Gefühle gespeichert, balanciert und in eine Rangordnung gebracht werden, wie sich persönliche Sichtweisen entwickeln und wie Werte und Überzeugungen uns beeinflussen. Mit diesem Buch leistet er einen wesentlichen Beitrag zur Weiterentwicklung des NLP und der kognitiven Psychotherapie.

Rupprecht Weerth
NLP & Imagination II
1993, 156 S., zahlr. Tab., kart.
DM 48,–, Fr 44,50, ÖS 350,–, EUR 24,54
ISBN 3-87387-102-5

In diesem Buch wird eine empirische Pilotstudie zum Submodalitätenkonzept des NLP vorgelegt. Grundlage dazu bildet Band 1.

Josef Weiß, unter Mitarb. v. I. Kirchner
SELBST-COACHING
5. Aufl. 1996, 180 S., kart.
DM 34,80, Fr 32,50, ÖS 254,–, EUR 17,79
ISBN 3-87387-022-3

Dieses Buch beschreibt, wie Sie durch effektives Selbst-Coaching – insbesondere mit NLP – Ihre eigene Führungskompetenz verbessern können. Führungskräften und Management-Beratern bietet dieses Buch viele praktische Anleitungen und kurze Übungen, ihre Kompetenz im Umgang mit sich selbst und anderen zu steigern.

Eckard Winderl
Hinter die Erinnerung schauen
Neue Techniken des NLP
1996, 200 S., kart.
DM 36,–, Fr 33,–, ÖS 263,–, EUR 18,41
ISBN 3-87387-315-X

Jürgen Wippich
Denk nicht an Blau
1995, 488 S., kart.
DM 49,80, Fr 46,–, ÖS 364,–, EUR 25,46
ISBN 3-87387-007-X

Das Buch ist für die Menschen geschrieben, die das Modell: „Die-Welt-ist-ein-Uhrwerk-und-ich-bin-nur-ein-kleines-Rad" abgelegt haben, und die eine wesentliche Grundidee des NLP, nämlich die Verwandlung externaler Kontrollvariablen in innere Entscheidungsvariablen, wirklich ernst nehmen wollen.

Marilyne & Wyatt Woodsmall
Auf dem Weg zu exzellenter Kommunikation
Die 9 Schlüssel zum persönlichen und beruflichen Erfolg
1998, 280 S., kart.,
DM 44,–, Fr 41,–, ÖS 321,–, EUR 22,50
ISBN 3-87387-395-8

„Wer sich auf die anderen individuell einstellen kann, kommuniziert mit ihnen effektiver und effizienter. Die Autoren haben die wichtigsten Muster, sogenannte ‚people patterns', zusammengestellt und ausführlich erklärt – um die Welt aus der Perspektive der anderen sehen zu können". – *Berliner Morgenpost*

Thomas Zerlauth
Sport im State of Excellence
Mit NLP & mentalen Techniken zu sportlichen Höchstleistungen
1996, 320 S., zahlr. Abb., kart.
DM 49,80, Fr 46,–, ÖS 364,–, EUR 25,46
ISBN 3-87387-300-1

Sport wird zu 70% im Kopf entschieden, zu 28% spielt die körperliche Verfassung eine Rolle und nur zu 2% die Technik. Dennoch arbeiten 99% aller Amateursportler zu 100% an diesen 2%. Ziel des vorliegenden Buches ist es, dem Sportinteressierten ein Modell vorzustellen, welches die autonome Erreichung eines optimalen inneren Zustands fördert.

MultiMind – NLP aktuell
Zeitschrift für professionelle Kommunikation

Die Zeitschrift will möglichst viele Facetten des NLP aufzeigen. Sie wendet sich an Trainer, Therapeuten, Berater, Pädagogen, Manager und Institutionen wie auch an „Endverbraucher", die durch NLP einen völlig neuen Einstieg in die eigene Persönlichkeit erleben.

Die Zeitschrift „MultiMind – NLP aktuell" erscheint 6 x jährlich.

Der Bezugspreis für das Einzelheft beträgt 14,50 DM, für das Jahresabonnement 76,– DM zuzüglich Versandkosten.

Sie möchten weitergehende Informationen zu unseren NLP-Titeln und unserem Gesamtprogramm?
Besuchen Sie uns im Internet unter
www.junfermann.de

BESTELLSCHEIN:

Anz.	Autor/Titel

Name — Straße

Ort — Unterschrift

9908 — Änderungen vorbehalten

JUNFERMANN VERLAG

Postfach 1840 · D-33048 Paderborn
Tel.: 0 52 51 / 1 34 40 · Fax: 0 52 51 / 13 44 44
eMail: ju@junfermann.de